QUEM FOI
JANUSZ KORCZAK?

Coleção ELOS
Dirigida por J. Guinsburg

Equipe de realização – Tradução: Fanny Feffer • Revisão de original: Vera Aguiar Cotrim • Revisão de provas: Iracema A. de Oliveira e Rachel Gevertz • Logotipo da coleção: A. Lizárraga • Capa e projeto gráfico: Adriana Garcia • Produção: Ricardo W. Neves e Raquel Fernandes Abranches.

JOSEPH ARNON

QUEM FOI JANUSZ KORCZAK?

PERSPECTIVA

Dados Internacionais de Catalogação na Publicação (CIP)
(Câmara Brasileira do Livro, SP, Brasil)

Arnon, Joseph
Quem foi Janusz Korczak? / Joseph Arnon ; [tradução Fanny Feffer]. — São Paulo : Perspectiva : Associação Janusz Korczak do Brasil, 2005. — (Elos ; 57 / dirigida por J. Guinsburg)

Título original: Who was Janusz Korczak?
ISBN 85-273-0735-9 (Perspectiva)

1. Educação 2. Educação de crianças 3. Korczak, Janusz, 1878-1942 4. Pedagogia I. Guinsburg, J. II. Título. III. Série.

05-7861 CDD-370.92

Índices para catálogo sistemático:
1. Educadores : Análise crítica 370.92
2. Educadores : Biografia e obra 370.92

EDITORA PERSPECTIVA S.A.
Av. Brigadeiro Luís Antônio, 3025
01401-000 São Paulo SP Brasil
Telefax: (11) 3885-8388
www.editoraperspectiva.com.br
2005

A publicação deste livro é parte integrante do trabalho que a Associação Janusz Korczak vem desenvolvendo no Brasil para difundir e divulgar a obra do marcante educador judeu polonês cujas propostas educacionais constituem um fecundo legado para o cultivo da lição humanística onde quer que se pretenda que seus valores sejam preservados.

SUMÁRIO

Korczak e a Orquestra das Crianças em 1930.

JANUSZ KORCZAK E A ESPERANÇA PERDIDA

Janusz Korczak foi um educador do mundo. Nasceu na Polônia, em 22 de julho de 1877, numa época em que o anti-semitismo se expressava em perseguições e massacres, que tiraram a vida de milhares de judeus. Pertencia a uma família de eruditos judeus assimilados e como muitas, bastante integrada à cultura polonesa, da qual Janusz Korczak sofreu profunda influência. Formou-se em Medicina no ano de 1905, na Universidade de Varsóvia, ano em que se deu o *pogrom* russo em Kichinev, considerado um dos mais sangrentos da história. Desde, o momento em que deixou a Universidade o interesse de Janusz Korczak voltou- se para a criança. Atendeu em diversos hospitais, foi diretor de um orfanato onde trabalhava sem remuneração e ajudou a criar organizações de auxílio às crianças vítimas de guerra. Criou um famoso orfanato, recolhendo crianças abandonadas, da rua, filhos de prostitutas e órfãos. Essas crianças traziam consigo medos, ansiedades, desconfianças e um sistema de valores baseado na derrota. Estavam contagiadas pelo ambiente sórdido de onde provinham. A criança de rua não conhecia a vida de família, a alegria de festas e tradições e nunca soube o que era a influência paterna, no dia-a-dia. Janusz Korczak procurou ensinar-lhes novos valores, e apesar de não provir de uma família judaica praticante, seguia com as crianças as tradições e festas judaicas. Korczak não era religioso, mas achava que as crianças precisavam acreditar em Deus e rezar.

Korczak estudou com famosos professores em Berlim e aperfeiçoou sua formação em Paris e Londres, sempre estagiando em hospitais. Convivendo com crianças pobres e presenciando seu sofrimento, sua consciência social foi despertada para uma luta, que se tornou também o *leitmotiv* de sua vida: mudar o mundo. Mas compreendeu que, para isso, era necessário, antes de tudo, mudar a atitude dos adultos em relação à criança.

Korczak trouxe uma verdadeira revolução para a educação. Entendeu o "mundo da criança", sua sensibilidade, seus sentimentos, suas reações. Penetrou fundo no âmago da alma infantil e via a criança como um ser humano incompreendido. Clamou em todos os momentos de sua vida sobre o direito e a dignidade da criança, mostrando que as escolas não respeitavam esses direitos e que todo sistema educacional contemporâneo devia ser mudado. Criou um modelo pessoal do que devia ser uma escola, que ainda é utópico nos dias de hoje. Mostrou que as crianças eram vítimas de um regime despótico e ignorante das necessidades essenciais da alma humana. Ensinou-lhes a se auto defenderem e a compreenderem a importância da cooperação coletiva.

Para Korczak, melhorar o mundo importava em reeducar o homem.

Além de médico, educador e psicólogo, Korczak foi também um artista nato. Seu talento para a literatura manifestou-se muito cedo. Suas reflexões sobre a essência de todas as coisas levaram sua avó a chamá-lo quando criança, de "filósofo". Os problemas sociais o preocupavam desde o tempo de estudante, chegando a participar em diversas atividades da sua Universidade.

Os tempos de sua mocidade foram sombrios. Nas províncias polonesas do Império Russo as tensões sociais se agravaram, a miséria no campo se estendia até as cidades, o analfabetismo polonês chegava a 62% da população adulta. O regime opressivo e absolutista colocava todas as instituições sob controle da administração do Tzar. A língua polonesa foi suprimida do ensino, e a imprensa estava submetida à mais feroz censura. O jovem Korczak se aproximou dos círculos de esquerda democrática radical, onde atuou como jornalista, publicando, cada semana, sob diferentes pseudônimos, artigos diversos em revistas e periódicos, mostrando a miséria que grassava nos quarteirões de Varsóvia.

Korczak viveu nesses tempos de crise econômica e social, uma época em que os particularistas eram cada vez mais rejeitados pelos movimentos nacionalistas e protecionistas, endossados pela maioria do país. Mas Korczak foi também um soldado. Lutou em três guerras:

· Russo-Japonesa

· Primeira Grande Guerra fazendo parte do exército russo

· Bolchevika – Polonesa em 1917 onde chegou a ser major do exército. Por razões políticas foi preso e na sua cela conviveu com o famoso sociólogo e ativista Ludovig Krzyviki.

Como escritor Janusz Korczak foi prolífico. Publicou mais de 250 artigos, entre peças satíricas e humorísticas, livros de pediatria, educação, contos e histórias para crianças.

Compreendeu que o rádio e a televisão, que apenas se iniciavam, poderiam ser úteis para a educação. Mas infelizmente esse sonho fracassou, e hoje é desastroso ver a criança seguir o modelo oferecido pela cultura de massa, e os programas de nossas televisões.

Historiadores, analistas políticos, psicólogos têm se detido em refletir sobre os erros e ilusões do século XX. E o principal erro certamente foi, o de ignorar que os princípios básicos pertencentes à educação, não foram compreendidos.

Após Auschwitz, Treblinka e Sobibor, temos de repensar o mundo, e nossas responsabilidades para com as gerações futuras são enormes. Preparar o futuro deve priorizar a educação. Mas o que é educação? Certamente não é fornecer informações. O povo alemão era um povo alfabetizado e provavelmente um dos mais cultos da Europa e foi responsável pela maior barbárie de toda história da humanidade. O mundo não está hoje ao abrigo de novas catástrofes. Vivemos na era planetária e todos nós, seres humanos, estamos embarcados numa mesma aventura. Devemos reconhecer-nos nessa humanidade comum e na diversidade cultural, que está inserida em tudo que é humano. Educar é priorizar o universal, marcando ao mesmo tempo a condição humana.

Vivemos hoje também uma era de medo. Os acontecimentos que se desenvolveram nestes últimos anos levaram as nações a uma situação de incerteza. Medo de terrorismo, medo de destruição da espécie humana, medo das migrações, medo de desemprego, medo da crise econômica, medo da xenofobia racista, medo da globalização. Passado meio século após a desastrosa e trágica experiência do nazismo, passada a ameaça da política hitlerista, passado Auschwitz, derrubado o muro de Berlim, presenciamos perplexos o ressurgimento da extrema direita fascista, em diversos paises do Ocidente. É difícil crer que nos encontramos novamente frente a um verdadeiro movimento anti-semita, partindo, ironicamente, também das esquerdas.

O filósofo francês Edgar Morin escreveu que o século XX foi marcado pela aliança de dois sistemas bárbaros: a guerra e a racionalização. A guerra, nós a herdamos do início dos tempos, com seus fanatismos e sua intolerância. A racionalização esquece o indivíduo e anula tudo que nele é individual. Para ultrapassar essa idade bárbara é preciso que pensemos criticamente a sociedade. De nada adianta apelarmos a valores eternos nem ao direito das minorias perseguidas. Temos de procurar as razões da barbárie nos perseguidores, temos de conhecer os mecanismos que fazem os homens monstros. Esse principal mecanismo é a educação.

A educação só tem sentido se for dirigida para a autoreflexão crítica. Sabemos que os caracteres em geral se formam na primeira infância. Uma educação que queira evitar a reincidência da barbárie tem que concentrar-se na primeira infância. Freud mostrou-nos que a pressão civilizadora tornou-se insuportável. Há uma sensação de clausura da qual queremos sair. A sociedade do ponto de vista sociológico tem tendências desagregadoras, que tem aumentado, e a pressão geral que sofrem os indivíduos tende a desintegrar o particular, o individual.

Um autor que escreveu um magnífico ensaio sobre a educação e priorizou a educação infantil, principalmente a primeira infância, foi Theodor Adorno. Adorno aponta, como Korczak, alguns pontos nevrálgicos e enfatiza o prejudicial da conduta autoritária. Uma cultura repressiva produz a barbárie.

Sempre que o consciente estiver mutilado há tendência para a violência. A educação pela dureza está errada e muitos hoje ainda crêem nela. A concepção tradicional de que ser viril, ser forte, significa ter capacidade para agüentar a dor é um símbolo de masoquismo que se funde facilmente com o sadismo. Quando estimulamos as crianças a serem fortes estamos simplesmente tornando-as indiferentes à dor. Porque como escreve Adorno, aquele que é duro contra si mesmo adquire o direito de sê-lo contra os demais, e se vinga da dor que teve de reprimir. A educação, segundo Adorno, não deve premiar a dor nem a capacidade de suportá-la. A educação também não deve suprimir o medo. Quando o medo não for reprimido, muito do efeito destrutivo desse medo inconsciente, desaparecerá. As tendências nazistas podem hoje ser observadas nos delinqüentes juvenis, chefes de quadrilhas, terroristas. Adorno os denomina de "consciente coisificado". As pessoas dessa índole se equiparam de certa forma às coisas. E igualam os seres humanos a coisas.

Os estudos que Adorno fez sobre a "personalidade autoritária" mostram como as pessoas com esse "consciente coisificado" tem obsessão por objetos. O que elas precisam é amar as coisas materiais. O mundo atual está afinado com a tecnologia e nossa atitude em relação à tecnologia é irracional e em grande parte, patológica e exagerada. Os meios são fetichizados e os indivíduos que tendem para a fetichização da tecnologia são criaturas incapazes de amar. São pessoas essencialmente frias.

As pessoas hoje, escreve Adorno, sentem-se mal amadas e têm incapacidade de se identificar com o "outro". A falta de amor é hoje de todos, sem exceção. O cristianismo tentou eliminar a frieza que penetra em tudo. Mas a experiência fracassou. O calor humano que tanto almejamos, nunca existiu até hoje, salvo por curtos períodos, em grupos restritos, talvez em alguns pacíficos selvagens. Mas combater a frieza é combatê-la no contexto individual. Os pais não podem dar calor humano aos filhos porque eles mesmos foram criados em uma sociedade desumanizada. Quanto mais bem forem tratadas as crianças, quanto menos forem negadas na infância, mais chances elas terão na vida adulta.

O antiindividualismo, que dominou a pedagogia e que hoje ainda predomina, é reacionário. A Alemanha nazista inventou o crime contra a humanidade. Meio século depois de finda a Segunda Guerra Mundial, as implicações morais, teológicas, filosóficas e políticas do nazismo ainda inquietam historiadores, analistas políticos, antigos combatentes, sobreviventes. Questões como a colaboração das massas, a responsabilidade dos aliados, o silêncio mundo, chocam as sensibilidades de alguns contemporâneos. Para nós, que não estivemos em Treblinka, é muito difícil compreender o Holocausto.

Hitler tirou a vida a 55 milhões de pessoas, das quais vinte milhões foram mortos em combate, quinze milhões eram civis desarmados e indefesos, mais de quinhentos mil ciganos, homossexuais e deficientes físicos e mentais e seis milhões de judeus, dos quais um milhão e meio de crianças.

Nas últimas décadas nossos conhecimentos sobre a política nazi-fascista aumentaram, mas nossas tentativas para explicar o Holocausto falharam. Sem compreendê-lo, continuamos ameaçados, todos. Os campos de concentração seriam inconcebíveis sem a tecnologia e a racionalidade. Os campos de concentração foram uma manifestação patológica da modernidade. Uma forma tecnológica da barbárie. O Holocausto significou uma ruptura da civilização. Não podia ser previsto? Não sei. Mas foi intuído por alguns autores como Max Weber, Walter Benjamin e Franz Kafka. Kafka percebeu os perigos a que podia levar a modernidade e a racionalização, e mostrou que as primeiras vítimas deviam ser os mais fracos. Os fracos tinham de ser exterminados, mesmo sem ter feito mal algum.

Qual foi o crime dos judeus, qual foi o crime de Janusz Korczak, qual foi o crime de suas crianças? Foi tão improvável como o personagem do *Processo*, que sem ter cometido nenhum mal, foi preso certa manhã.

O que é preocupante no mundo de hoje é o fato de que a ideologia e o sistema que deram origem a essa barbárie, permanecem intactos. Acontecimentos que estão ocorrendo no mundo hoje mostram que os homens não se compenetraram das monstruosidades cometidas durante a Segunda Guerra Mundial. A barbárie que levou à morte um milhão e meio de crianças subsistirá enquanto as condições que produziram o nazismo persistirem. Desbarbarizar é a questão mais urgente da educação.

Não podemos nos referir a Janusz Korczak sem lembrar o Holocausto. O Holocausto, como escreveu Hannah Arendt teve um caráter único. Pela primeira vez, um regime político fixou o limite do direito à vida e decidiu quem devia e quem não devia habitar este planeta.

O ideal maior do nazismo foi o anti-semitismo. O nazismo quis expulsar os judeus não só da Alemanha, mas de toda face da Terra. Auschiwtz é a chave para a compreensão deste mundo do qual queremos sair. Foi o protótipo do crime político do século XX. Mas, o que também preocupa hoje é um fenômeno, que depois de meio século de Auschiwtz tornou-se um verdadeiro movimento, o *revisionismo ou negacionismo*, que através de um "novo discurso" prega que câmaras de gás nunca existiram. Esse "novo discurso" nos mostra que o horror não parou em Auschiwtz. Esse revisionismo radical tornou-se um dos principais componentes da temática dos grupos de extrema direita.

Sobre Janusz Korczak, escreveu-se muito. Poesias, novelas, fez-se filmes, vídeos. Sua vida inspirou pintores, escultores, ergueram-se monumentos. Na Varsóvia funciona a Associação Internacional Janusz Korczak, e instituições semelhantes existem espalhadas na Holanda, Inglaterra, França, Rússia, Suíça, Estados Unidos etc. A Associação Janusz Korczak do Brasil foi criada em 14 de abril de 1987 por um grupo de sonhadores – e deve sua existência, hoje a Rachel Gevertz, uma incansável lutadora, que tem procurado, com seu trabalho, conscientizar psicólogos, educadores, de que o futuro do Brasil depende da educação de suas crianças.

No ano do centenário de seu nascimento a Unesco declarou o ano de 1978 "o ano Korczak". Suas idéias humanas tornaram-se herança para toda a humanidade.

Mas existiu Treblinka. Treblinka, para onde Korczak foi enviado com as crianças do seu orfanato, foi um dos primeiros campos de morte. Em Treblinka só se produziu morte. Cem mil pessoas eram conduzidas anualmente para as câmaras de gás. A expectativa máxima de vida em Treblinka não passava de dois meses.

As crianças do orfanato de Korczak, antes de serem transferidas para Treblinka foram confinadas em guetos, onde passaram fome e frio. Korczak as alentou até o fim, dando-lhes esperanças, representando peças de teatro onde a beleza e alegria voltaram a reinar. Na véspera de partir para o campo da morte fez representar um peça de Rabindranat Tagore, cheia de promessas e esperanças de uma vida melhor. Preparou suas crianças para morrer dignamente, num lugar onde eram mortas como animais. Abraçou-as e optou morrer com elas, para que não tivessem medo.

Apesar de se escrever tanto sobre Korczak, existem ainda alguns ângulos de sua vida que não conhecemos e que estão contidos em algumas cartas, raramente mencionadas, que escreveu antes de morrer. São cartas que enviou para Israel que ele chamava de Eretz Israel, entre os anos de 1932 e 1939* endereçadas para Juzek (seu discípulo Joseph Arnon).

Essas cartas foram publicadas em Tel-Aviv em 1977. Constituem um extraordinário testemunho da época e através delas podemos conhecer a visão que Janusz Korczak tinha do mundo, naqueles dias sombrios. Revelam suas aflições, suas desilusões com a política e os homens, seu abandono e sua fidelidade e amor às suas crianças.

* Ver pp. 79-101. (N. da E.)

Nas primeiras cartas que enviou para Israel encontramos a expressão de sua revolta com as falsidades que foram acumuladas sobre a criança. Mas também contêm esperanças. Escreve:

Se existe um país onde é oferecido honestamente à criança uma chance para expressar seus sonhos e seus temores, suas aspirações e suas perplexidades – possivelmente é em Eretz Israel. Lá deveria ser erguido um monumento ao órfão desconhecido.

Korczak sentiu que na Polônia, que considerava sua pátria, não havia mais lugar para ele. E seu derradeiro sonho foi poder viver seus últimos anos, livre em Israel, e lá sentir, como escreve "saudades da Polônia". Refere-se às injustiças inacreditáveis que estavam sendo cometidas contra os homens e as crianças: "O mal predomina, tudo que é fino e delicado é indiscriminadamente destruído". Mas suas cartas também estão cheias de dúvidas. Como fervoroso polonês temia, caso emigrasse, as dificuldades que teria de enfrentar, pois nem a língua hebraica conhecia, enquanto que na Polônia, as tradições e o povo lhe eram familiares:

Conseguirei voltar à minha vida, nascer novamente? Não sei.

O que me conforta é que esta é a última tentativa – tenho me perguntado: Não é muito tarde? – Não – Se eu tivesse ido há mais tempo, eu me sentiria um desertor. Deve-se permanecer em seu posto até o último momento.

Em outra passagem escreve:

teria sido capaz de terminar os poucos anos que me restam calma e tranqüilamente. Mas isto é impossível. Aquele que come seu pão hoje é obrigado a empenhar cada pequena porção de força, aquele que passou por muito, que viu e experimentou, não pode se dar ao luxo de permanecer passivo num momento em que a humanidade, tão tragicamente destroçada, está à procura de seu caminho, se não para gerações futuras, ao menos pela geração que está crescendo hoje.

Apesar de tudo que realizou Janusz Korczak considerou-se um fracassado, porque "tudo que lhe tinha trazido alegria no passado despedaçou-se, tudo que parecia nobre tornou-se duvidoso e vergonha". O que fazia lhe parecia "tão pouco e sem importância".

> Fiz uma promessa de preservar a criança e defender seus direitos, mas tudo o que posso fazer é uma prece ou uma bênção desejosa de apoiá-la em seus passos apressados e inseguros.
>
> E onde existe um lugar mais apropriado para repreender os indolentes, para guiar os fortes, e defender (em palavras?) os pequenos e fracos – se não em Eretz Israel?

Por isso, escreve, "é que estou ansioso".

Apesar de alquebrado pelo sofrimento e pelas privações Janusz Korczak não queria ser visto como um velho homem, amargo, triste, e perdido. Em 1937, fazia todas tentativas para chegar a Israel. Gostaria de acreditar que suas forças não lhe faltariam e que poderia chegar lá um dia. Nesse mesmo ano Korczak previu, como um verdadeiro profeta, que as coisas iriam piorar:

> O mal ainda não chegou à sua total profundidade, mais cinco, talvez dez anos e a tempestade, o vento ou o dilúvio chegarão, e então vocês testemunharão o mundo da nova ordem.

Janusz Korczak sentia que os judeus estavam abandonados:

> nós – cada um por si, vocês – estão juntos, nós representamos lápides e túmulos, vocês representam berços e o olhar orgulhoso de crianças inteligentes e alertas [...].
>
> [...] Às vezes sinto minha cabeça arrebentar, outras vezes escuto uma grave acusação: você não pode deixar o mundo da forma que está. [...]. Às vezes desejo imaginar que em uma carta encontrarei a palavra mágica que erigirá a casa para uma humanidade sem lar.

Em 1938 um ano antes da eclosão da guerra, Korczak ainda sonha ir para Israel, mas não tem dinheiro. "Eu não queria esperar", escreve, "até o outono". "Ás vezes o perto parece muito longe e quando temos sessenta anos esperar não é muito agradável". "Cada vez que leio uma notícia de Israel, tem tremenda importância para mim", "Jerusalém representa a vida individual e a missão, o direito à existência. Jerusalém é o mundo do espírito". "Estas reflexões me acompanharão no meu último caminho".

Apesar de suas esperanças voltarem-se para Israel, Janusz Korczak nunca se desligou de sua Polônia natal, nunca renunciou a ela, mesmo quando sua pátria não soube protegê-lo, porque ele era judeu.

O destino não quis que o sonho de Korczak se realizasse. Em 2 de setembro de 1939, saiu de Israel uma carta oficial, convidando Janusz Korczak para se estabelecer em Israel. Mas a guerra irrompeu, a Polônia foi invadida, e os correios com a Polônia foram irremediavelmente interrompidos. Korczak nunca recebeu essa carta.

O desastre que se abateu sobre o mundo no século XX mostrou que de nada vale o saber, o conhecimento, o progresso técnico, se a cultura for desumanizada. Quem foi que apoiou Hitler? E aqui temos de constatar um fato, ameaçador a todos acadêmicos e intelectuais: a primeira grande vitória de Hitler foi nas Universidades. Foi a classe média, culta, profissional, a primeira que aderiu ao anti-semitismo institucional e não os alemães que tinham apenas educação primária. E é por isso que eu quero lembrar um texto, que li não sei onde, mas que simboliza o legado que Korczak nos deixou. Um aluno escreve ao professor:

"Caro Professor"

Eu sou um sobrevivente de um campo de concentração. Meus olhos viram o que nenhum ser humano deveria testemunhar.

- Câmaras de gás construídas por engenheiros ilustres
- Crianças envenenadas por médicos altamente especializados
- Recém-nascidos mortos por enfermeiras diplomadas
- Mulheres e bebês assassinados e queimados por gente formada em ginásio, colégio e Universidade.

Por isso, caro professor, eu duvido da educação.

E eu lhe formulo um pedido:

Ajude seus estudantes a se tornarem humanos. Seu esforço, professor, nunca deve produzir monstros eruditos e cultos, psicopatas e Eichmans educados.

Ler, escrever, aritmética, são importantes, somente se servirem a tornar nossas crianças seres mais humanos.

Anita Novinsky
Ex-Presidente e Consultora da AJKB

Korczak com professores e crianças do Orfanato.

Edifício do Orfanato na rua Krochmalna, 92, em Varsóvia.

QUEM FOI JANUSZ KORCZAK?

Em uma quarta-feira, dia 5 de agosto de 1942, em meio à Segunda Guerra Mundial, um trágico incidente, que com o tempo se tornaria lendário, sobreveio na Varsóvia ocupada pelos nazistas.

Guiadas por uma figura curvada e fatigada, com uma criança nos braços, duzentas crianças marchavam em filas calmas e ordenadas pelas ruas que saíam do gueto judaico para o Umschlagplatz, o ponto de encontro de onde os judeus eram levados para o campo de morte em Treblinka. Ao fundo da "parada", uma mulher robusta de olhos escuros caminhava a passos largos. A fila passava diante dos olhares dos habitantes das ruas, que se fixavam no médico idoso, autor famoso e renomado pedagogo, conduzindo suas crianças sem lar para as câmaras de gás. Nada aconteceu. Nenhum choro ascendeu aos céus, menos ainda a um semelhante.

Desde aquele dia, na ausência de qualquer testemunha ocular confiável, apareceram vários relatos e versões da última milha percorrida por Janusz Korczak e sua assistente Stefania Wilczyńska, que trabalhou fielmente ao seu lado no lar para crianças por trinta anos.

De todas as diversas pessoas que conheceram Korczak em vida, que trabalharam com ele ou estavam sob sua tutela, apenas uns poucos indivíduos idosos estão conosco ainda hoje. Cabe a todos nós que o conhecemos, portanto, tanto como àqueles que desejam manter a memória, para épocas futuras, das proeminentes figuras da educação que tivemos, investigar a lenda ao redor deste homem extraordinário enquanto ainda podemos. Deve-se dizer que esta não é uma tarefa fácil. Não apenas seus escritos eram, tanto no conteúdo como na forma, repletos de uma atmosfera surrealista, que combinava a mais realista consideração por exatidão e detalhe com os estados mais sugestivos, imaginativos e fantasiosos; mas toda sua vida foi, semelhantemente, incomparável e única. Nenhuma descrição de seu mundo altamente espiritual e visionário pode deixar de parecer unidimensional. Apesar destas dificuldades, no entanto, precisamos tentar, por seu próprio legado. Em uma história chamada *O Conto de Hershke*, que escreveu pouco antes do início da guerra, Korczak retrata um rabino louco que conta a um menino judeu a história da destruição do Templo:

> Então aconteceu um grande incêndio e todos os rolos da Torá se queimaram. Sim, se queimaram. Não, não, eles não se queimaram. Somente os pergaminhos se queimaram; as letras voaram para o céu e se salvaram. Sim, se salvaram. Deus estava bravo com os judeus. Queria matá-los. Pegou uma pena e tinta e sentou-se para escrever sua sentença. Sim, sentou-se. Ele se sentou para escrever que os judeus deveriam ser mortos.

"Todos eles?", pergunta o menino assustado.

> Sim. Ele queria acabar com todos, até o último deles. Sim, queria. Não pretendia poupar nenhuma alma... Mas as letras não o deixaram. Elas voaram para longe e se esconderam, para que Ele não pudesse escrever.

A palavra escrita não permitiu. Nós também devemos fazer uso da palavra escrita para perpetuar a memória de Korczak, o homem e pedagogo admirável, para que não se perca em gerações futuras.

O nome Janusz Korczak foi adotado por seu portador em 1899. Um jovem chamado Henryk Goldszmit, que nascera em 22 de julho de 1877, estava copiando uma nota que escrevera para uma competição literária. Por acaso, bateu o olho em uma novela do autor polonês Kraszewski, cujo herói se chamava Janasz Korczak. O jovem escritor decidiu usar o nome com a finalidade da competição, e devido ao erro de um tipógrafo, "Janasz" se tornou "Janusz". Assim, o estudante Henryk Goldszmit, filho do advogado de Varsóvia Josef Goldszmit, um judeu assimilado, adotou um novo nome que o acompanharia por toda a vida.

Pouco se sabe sobre a família de sua mãe, a não ser o fato de que seu avô foi um vidraceiro. Este detalhe chega a nós pelo próprio Korczak, que o menciona em uma história infantil escrita nos anos de 1920:

> Eu não possuo uma fotografia de meu bisavô e não sei praticamente nada a seu respeito. Meu avô me contou que ele morreu antes de eu nascer. Eu sei um pouco sobre seu pai[...]. Eu sei que ele era vidraceiro. Naquela época as pessoas pobres não tinham janelas de vidro em suas casas. Meu bisavô costumava freqüentar

as casas da nobreza para fazer vidraças para eles, e costumava também comprar peles de coelho.

O avô de Korczak, Hirsh Goldszmit, em cuja homenagem ele foi nomeado ("Hirsh" tornou-se "Henryk" em polonês), era um médico judeu com boa formação em uma pequena cidade perto de Lublin. Apesar do seu patriotismo polonês e de sua cultura européia, em cujo espírito educou seus filhos, também empenhou-se em inspirar neles um sentimento de lealdade ao povo judeu e uma afeição por suas tradições. O pai de Korczak, Josef Goldzmit (1846-1896), recebeu seu diploma da universidade em Varsóvia, onde estabeleceu seu lar. Querido por seus clientes e bem-sucedido em sua prática, dedicou-se, em seu tempo livre, a preparar uma série de monografias sobre "Personalidades Judias Famosas do Século XIX". A primeira delas era sobre Sir Moses Montefiore.

A infância do jovem Henryk, que transcorreu numa atmosfera de cultura e abundância refinada, foi prazerosa. Ele era um menino tímido, que preferia entreter-se com seu mundo de fantasia particular do que brincar com os amigos. Somente a avó, sua confidente favorita, percebeu que ele seria algum dia um "filósofo" e acreditava em sua grandeza futura.

No final de sua vida, aos 64 anos, Korczak escreveu em seu diário do gueto:

> Eu tinha uma mente mais investigativa do que inventiva. Eu tentava descobrir qual era a essência das crianças, dos adultos, dos meus blocos de brinquedo. Nunca quebrei meus brinquedos, ou desmontei minha boneca para ver porque seus olhos ficavam fechados quando ela deitava. Não era o mecanismo que importava, mas a essência, a coisa em si mesma.

Sabia muito pouco a respeito de seu judaísmo. Seu ambiente polonês o distinguia das crianças judias de Varsóvia. Escreveu em seu diário do gueto:

> Quando eu tinha uns cinco anos, inquietou-me o pensamento sobre o que eu podia fazer para que não houvesse crianças esfarrapadas, famintas, sujas, como aquelas com as quais eu não podia brincar no jardim, onde sob a castanheira, em uma velha lata de doces revestida de algodão, jazia o primeiro cadáver de alguém com quem me importava e amava – meu canário. Sua morte foi o que primeiro suscitou o misterioso problema da religião. Queria colocar uma cruz sobre sua sepultura, mas nossa empregada me disse que eu não deveria, porque meu canário era apenas um pássaro, uma criatura de muito menos importância do que um homem. Até chorar por ele, segundo a empregada, seria um pecado. Pior ainda, porém, foi o filho do porteiro ter me dito que o canário era judeu. Eu também era um judeu, enquanto ele era católico polonês. Haveria um lugar no Paraíso para ele enquanto eu, se prestasse atenção na minha linguagem e obedientemente furtasse uma bala de açúcar para ele de minha casa todos os dias, poderia ter bastante sorte, depois de minha morte, em ser enviado para um lugar que não fosse o Inferno, embora fosse terrivelmente escuro lá. Aconteceu de eu ter medo de quartos escuros. Morte – Judeus – Inferno – Paraíso – Escuridão: havia muito para se pensar.

Na época em que freqüentava a escola primária e o colégio, a Polônia ainda fazia parte do império czarista e prevaleciam influências russas. Estas foram incapazes, no entanto, de evitar uma rebeldia subliminar derivada do sentimento nacional e da cultura poloneses, que as autoridades czaristas buscavam reprimir. A língua de instrução era o russo, mas as primeiras experiências na escrita do jovem Henryk foram em polonês. Apesar de estar agora suficientemente ciente de que era judeu, sentia-se integralmente polonês e elemento do espírito rebelde da jovem Polônia.

Quando era menino de onze anos, sua família sofreu um grande golpe que deixou uma cicatriz em sua alma sensível. Seu querido pai sofreu um colapso mental e precisou ser internado.

A este respeito, Korczak escreveu em seu diário:

> Quando eu tinha dezessete anos, comecei a escrever uma história chamada 'Suicídio', cujo herói não suportava viver porque tinha medo de ficar louco. Eu estava com um medo mortal do asilo onde meu pai havia sido internado. Eu tinha que encarar o fato de que eu era filho de um louco[...]. Durante décadas, e mesmo até hoje, o pensamento nunca cessou de, ocasionalmente, me perturbar

A morte de seu pai quando tinha dezoito anos, que abalou a família profundamente, foi um outro golpe para o espírito do jovem. Contava-se agora com sua ajuda para sustentar a família (o qual ele fez dando aulas particulares) ao mesmo tempo em que continuou a se empenhar nos estudos e em esforços literários. Durante o dia estudava e trabalhava, enquanto à noite escrevia histórias, sátiras e poemas.

No último ano do colégio, Henryk reuniu coragem para fazer uma visita ao editor de um semanário literário e político, a quem leu seus poemas em voz alta. O jovem estudante apresentou seu trabalho com a devida solenidade, mas quando, com grande paixão, declamava as linhas finais

> Deixe-me sentir, deixe-me viver,
> Deixe-me ir para o escuro, lúgubre túmulo...

o editor o informou secamente: "Você tem minha permissão". "Daquele dia em diante," Korczak relatou anos depois, "eu nunca mais escrevi poemas".

Em 1898, quando tinha vinte anos, recebeu o primeiro prêmio na competição literária Paderewsky. Junto com o novo nome, Korczak agora avançava rapidamente no mundo literário. Seu primeiro livro, *Dziecko Ulicy* (*As Crianças da Rua*), publicado em 1901, era uma descrição realista dos jovens pobres. Suas vinhetas, cujas notas foram rascunhadas "atrás dos maços de cigarro" são um marco no desenvolvimento espiritual de Korczak e sua habilidade de se identificar psicologicamente com o sofrimento em qualquer forma.

Em 1903, recebeu seu diploma de médico e começou a clinicar no Hospital Infantil de Varsóvia, na rua Sliska. Entretanto, isto não o impediu de publicar ainda um outro livro em 1904, *Dziecko Salonu* (*A Criança do Salão*), que fortaleceu ainda mais sua reputação literária na Polônia.

Entre as várias críticas ao trabalho de Korczak publicadas nessa época, vale citar uma escrita por Stanislaw Brzozowski, autor, crítico social e membro da "Polônia Jovem":

> A experiência íntima que Korczak empreendeu nesta série de protestos e de lamentações irônicas e doloridas que ostentam o título de *A Criança do Salão*, cuja paixão deriva mais de seu próprio conteúdo do que de qualquer manipulação deliberada por parte do autor, recapitula em grande medida a história de todos nós que passamos a juventude em Varsóvia durante os últimos quinze anos. O tema do livro é a falta de sentido perfeitamente consciente e devastadora de nossas vidas dentro das linhas colocadas por nossa existência atual [...]. Foi nesse

momento que Korczak indubitavelmente começou a sonhar seu grande sonho da compaixão que cura todas as feridas e traz conforto aos desgraçados e deprimidos [...]. Ao mesmo tempo, há em Korczak um humorista também [...]. Sua análise psicológica freqüentemente lembra a de Kierkegaard e de Oscar Wilde. *A Criança do Salão* causou impacto no público intelectual polonês. Seus leitores esperavam ansiosamente pelo próximo trabalho do autor – exceto que ele, entretanto, tenha desaparecido [...]. Em 1904 ele entrou para o exército czarista para servir como oficial médico durante a Guerra Russo-Japonesa. Seu caminho do dever o trouxe para além dos Urais e para os arredores da fronteira chinesa, próximo do Lago Baikal. No entanto, apesar das ondas de greves e rebeliões que encontrou enquanto estava em serviço, e que culminaram na Revolução de 1905, os pensamentos de Korczak continuavam voltados para os problemas das crianças. Uma vez, no fronte, ele deu uma aula para os soldados a respeito da infância, na qual explicou que "Devemos pensar primeiro na criança antes de fazer revoluções".

Depois de voltar para o hospital judaico em Varsóvia, Korczak embarcou em uma viagem de estudo de pós-graduação e observação em vários países do Oeste. Passou um ano em clínicas de Berlim (Lá, aprendi a considerar o que já conseguimos, e como avançar cuidadosa e sistematicamente a partir daí); seis meses em Paris (Lá, ensinaram-me a pensar sobre o quanto ainda não sabemos, queremos saber, precisamos saber, e algum dia saberemos); e um mês em Londres (descobri o que era o verdadeiro trabalho social – uma grande conquista). O Dr. Henryk Goldszmit, bem-sucedido médico de crianças, parecia ter sobrepujado o autor Janusz Korczak, cujas contribuições intelectuais e literárias eram já consensuais.

Entre 1901 e 1909, Korczak ofereceu-se como voluntário para dirigir dois acampamentos de verão voltados para crianças pobres de Varsóvia. Um era para crianças judias e outro para católicas. Estes anos, ao que parece, marcaram um ponto decisivo, pois daí em diante sua vida foi devotada inteiramente às crianças. Sua experiência nos acampamentos de verão levou à publicação de três livros: *Moski, Joski, Srule* (1910), que descrevia as aventuras das crianças no acampamento judeu; *Józki, Jas'ki, Franki* (1911), a respeito de suas observações das crianças no acampamento católico; e *Slawa* (1912), um trabalho de ficção sobre crianças em um bairro pobre de Varsóvia, no qual um constante caráter de humor acompanha uma atmosfera de inegável otimismo.

Em 1912, o pedagogo em Korczak-Goldszmit emergiu "vitorioso" sobre o médico e o autor. Neste ano, ele tornou-se diretor de um orfanato judaico cujo prédio bem equipado, situado na rua Krochmalna, n. 92, ele mesmo desenhou e planejou. Como house mother* e assistente chefe, ele nomeou Stefania Wilczyńska. A imersão de Korczak nesta nova existência trouxe uma série de demandas morais inflexíveis, a qual ele incansavelmente se esforçou para encontrar, tendo a forte convicção de que mesmo a concepção mais verdadeira somente tem valor quando praticada ativamente. De agora em diante, entregava-se inteiramente às crianças sob seu cuidado.

Anos mais tarde, ele explicou a razão desta decisão. Não o satisfazia, afirmou, meramente cuidar de crianças doentes. Desejava lidar também com o mundo físico e intelectual de crianças saudáveis em todos os seus aspectos, com seus processos de desenvolvimento e suas

*. Literalmente mãe da casa, se diz da mulher que cuida das crianças em uma instituição (berçarista, crecheira, enfermeira). (N. da E.)

inter-relações com o ambiente. Ele apenas lamentava muito – e o expressou na imprensa mais de uma vez – o quanto a medicina estava desamparada para lidar com fatores sociais: "Uma colher de óleo de rícino", escreveu, "não é cura alguma para a pobreza e a falta dos pais".

Pareciam complementar-se um ao outro: a solidão da criança, principalmente da criança sem lar, e a solidão criativa e intelectual de Korczak, o homem.

Assim começou a saga de trinta anos de Korczak, o "pai", na casa de suas crianças.

As crianças do orfanato vinham de bairros pobres, de mães prostitutas, dos ambientes mais inóspitos e mais humilhantes. Essas crianças traziam com elas uma considerável gama de medos, ansiedades, mecanismos de defesa contra os adultos, desconfiança geral, e um sistema de valores baseado em fraude e evidentes ameaças.

Há muito tempo tem sido um fato aceito na psicologia social que a ausência dos pais pode facilmente promover a "doença" da delinqüência. A criança sem lar necessita do suporte emocional de um pai ou uma mãe, e encontra dificuldades de internalizar valores sociais importantes. Como resultado, é provável que se afirme a partir de normas anti-sociais.

A abordagem de Korczak foi gerada para a prevenção de tal desenvolvimento conjuntamente com suas conseqüências morais. Subjacente a seus métodos, havia a determinação de ressocializar as crianças que chegavam a sua casa. Estas crianças já estavam profundamente infectadas por padrões patológicos. Korczak procurou impedir que tais padrões fossem ainda mais internalizados em estruturas de personalidade anti-sociais por meio de um modo de vida organizado e de formas originais de disciplina que poderiam ensinar novos valores à criança e insuflar neles um juízo de individualidade positivo. O processo de socialização no mundo infantil organizado foi planejado para promover aspirações que poderiam fortalecer a capacidade de autodisciplina e de autolimitação diante de desejos egocêntricos.

Deve-se recordar que na virada do século, na Polônia, e principalmente no final da Primeira Guerra Mundial, os lares para crianças estavam repletos de jovens socialmente "perdidos", que viviam em um estado de constante atrito com os padrões sociais aceitos. Essas crianças freqüen-temente nutriam memórias inconscientes de abuso de autoridade parental, o que alterava todas as suas atitudes frente à autoridade com medo e fantasias silenciosas. Memórias desse tipo invariavelmente tinham seu efeito na confiança da criança em relação ao mundo adulto.

A criança sem lar não conhece a vida familiar, não possui rotinas ou tradições relacionadas ao dia de trabalho ou feriado, nunca experimentou o efeito da influência dos pais nos inúmeros detalhes da vida cotidiana à mesa, nos estudos, no trabalho. Korczak fez disto seu principal objetivo pedagógico, o de devolver às suas crianças exatamente aquilo que a sociedade adulta havia privado a elas. Sua premissa básica era o amor *pedagógico*, algo que é completamente diferente daquele amor romântico e sentimental da criança que geralmente origina-se de uma ambivalência de atração-rejeição. A aproximação tardia à criança, Korczak sabia bem, está condenado a falhar antecipadamente, em especial com a criança sem lar. O educador romântico-sentimental é muito freqüentemente motivado pela necessidade de superar sua própria falta de auto-estima. As crianças, principalmente aquelas sem lar, sustentava Korczak, precisam de um adulto que saiba ser objetivo a respeito tanto dele mesmo quanto delas. As crianças necessitam poder depender dos adultos, e de confiar neles intelectual, estética e organizacionalmente. O amor deve ser um acompanhamento para as atividades do educador, mas precisa sempre ser expresso concretamente e por meio de exemplo pessoal:

> Quanto mais baixo o nível psicológico próprio do professor, menos autoridade moral ele detém. Preocupação demais com sua própria tranqüilidade ou conveniência leva a uma proliferação de ordens e proibições que são apenas ostensivamente lançadas pelo "bem da criança".

Tanto na teoria como na prática, Korczak foi sempre cuidadoso em restringir qualquer uso arbitrário ou impulsivo de seu poder absoluto como adulto. O bom pedagogo, acreditava ele, está sempre tentando aprimorar-se e instruir-se em seu trabalho, e ser desse modo capaz de preservar e renovar seus vínculos com a criança:

> Antes de pedir para a criança lavar o chão, o professor deve fazê-lo várias vezes ele mesmo, e observar como as outras crianças o fazem, e o que dizem a respeito. É mais importante ensiná-los como torcer um pano ou como um colchão de palha é feito, do que ordenar que suas camas sejam arrumadas de modo impecável como se fosse um quartel militar.

O amor pedagógico, afirmava Korczak, é atingido quando o adulto é respeitado e aceito pela criança por criar uma atmosfera feliz e conter o uso compulsivo da autoridade – que é algo que as crianças nunca compreendem. É justamente o oposto do fatalismo biológico que se poderia esperar que Korczak, como cientista e médico, psicologicamente adotaria. Tal fatalismo é a negação da consciência de responsabilidade pessoal; é a consciência de ser governado pelo destino. Korczak exigia um pleno senso de responsabilidade e de realização de valores éticos e sociais tanto nos outros como nele mesmo.

O amor pedagógico, explicava, rejeita toda autoridade que é meramente imposta de cima. A relação que prevê entre o professor e seus alunos não é estabelecida por decreto, mas é um produto de mútua compreensão. Diferente de outros proponentes da "livre educação" nos primeiros anos do século xx, Korczak concedia total suporte à criança psicologicamente negligenciada, cujo mau comportamento social e moral era um resultado previsível de seu abandono. Em sua preocupação por criar as condições para uma "infância feliz," ele advertia contra o "predador" educacional, que apenas parecia ser devoto à criança. "Anote cuidadosamente: um novo tirano está à solta na vida contemporânea. É o homem predatório com seus modos forçosos. Suas concessões aos fracos, sua aparência de respeito aos idosos, seu discurso sobre direitos iguais para as mulheres, sua aparente bondade em relação às crianças – é tudo mero pretexto e simulação".

Foi seu amor propriamente pedagógico, de fato, que obrigou Korczak a fechar as portas de sua instituição para centenas de crianças dos bairros pobres. Ele reconhecia as enormes exigências que estava fazendo a si mesmo. "Eu simplesmente não tenho força", ele dizia, "para cuidar apropriadamente até mesmo de um punhado de crianças que já estão aqui". Ele estava pedagogicamente, amorosamente, ciente de seus próprios limites.

Como outros proponentes da "educação livre", Korczak se opunha a todo tipo de coerção e controle. Aproximava-se da escola naturalista de pedagogia, que sustenta que a criança bem equilibrada é naturalmente "autocorretiva", contudo diferentemente das teorias educacionais como as de Rousseau e Tolstói, nunca acreditou nos poderes ilimitados da educação. Devido ao seu entusiasmo pelo que poderia ser alcançado em um ambiente educacional, repetidamente reiterava o fato de que havia ocasionalmente crianças "más", assim como há "adultos maldosos." Todas as variedades de comportamento humano já poderiam ser encontrados no mundo da criança. As crianças naturalmente imitavam a fala, as ambições, e até as paixões dos adultos. Nada era potencialmente estranho à sua natureza.

Ele considerava a hereditariedade um fator importante, que por si só não estabelece parâmetros educacionais, mas deve ser levado em conta quando forem fixados. É neste aspecto que devemos ler o clamor de um dos seus personagens numa peça que escreveu nos anos de 1930, quando a sombra bestial nazista já havia caído sobre a Europa:

> Eu insisto: sem eugenia nós todos afundaremos desesperadamente no pântano para sempre. Cada um de nós gera como quer; não importa quão nocivo ou indiferente, nós permitimos que te-

nham filhos e se esqueçam deles. Já é tempo de perguntarmos: a quem pertence o direito de ter filhos? Toda barraca de refrigerantes precisa de licença, documentos, capital de giro, inspeção periódica[...] mas não há ninguém, de mais duvidoso caráter, que não possa se tornar pai se quiser, e assim assegurar para si mesmo um futuro imortal. Em vez de fixar frases sem sentido nos prédios das escolas, como: "Liberdade, Igualdade, Fraternidade", nós deveríamos fixar algo realista como "Seja um bom pai! Seja uma boa mãe!". Pensar em quantos pais não deveriam absolutamente ser chamados de "papai", mas sim, "seu bandido!".

Em sua abordagem da criança, Korczak rejeitava o ponto de vista do "homem estatístico" que pode ser cientificamente medido de acordo com algum ideal objetivo, universal, que a sociedade deve buscar ao impô-lo igualmente para todos. O ponto de partida de Korczak não era "filosófico puro", mas sim, essencialmente empírico. Ele considerava quatro fatores distintos: hereditariedade, ambientação, a personalidade própria da criança, e o processo educacional. Seu método educacional consistia em criar uma situação de vida adequada, na qual a educação poderia combater os problemas do indivíduo, levando deste modo à desejada formação do que ele chamava "a pessoa decente".

Cada vez mais Korczak foi conscientizando-se do pesado papel desempenhado pelo professor em qualquer método educacional:

Quem quiser educar crianças de favela deve lembrar-se sempre que a medicina distingue *praxis paperum* e *praxis aurea*. É preciso também lembrar-se de que existem crianças notavelmente criativas que são também presunçosas e crianças notavelmente boas que usam linguagem de rua. Deve-se estar sempre atento ao ambiente de onde vêm tais crianças.

Foi com essa crença pedagógica que Korczak construiu seu reino infantil na rua Krochmalna, n. 92, em Varsóvia.

Com o início da Primeira Guerra Mundial, em 1914, Korczak foi novamente chamado para o corpo médico do exército russo. O lar das crianças permaneceu ao cargo de Stefania Wilczyńska.

Quanto mais se escreve sobre Janusz Korczak e se homenageia seu gênio raro, mais injustificável parece não mencionar o papel de sua principal companheira pedagógica. Por que falar apenas dele, que concebeu a idéia, e não também dela, que ajudou a implementá-la na prática e possibilitou sua transmissão futura? Durante trinta anos, Stefania Wilczyńska trabalhou com Korczak em seu lar para crianças judias; por centenas de meses ela lutou a penosa batalha na Polônia anti-semita, em nome dos indefesos e fracos; durante onze mil dias e noites permaneceu constantemente com seus protegidos. Nascida em uma família judia assimilada e rica de Varsóvia em 1886, tinha vinte e seis anos quando foi viver no n. 92 da rua Krochmalna. Previamente, havia terminado o colégio na Varsóvia dominada pelos russos, e estudado para graduar-se em ciências naturais na Universidade de Liege, na Bélgica. Se Korczak foi para as crianças a figura de um pai que estava sempre chegando e desaparecendo novamente, era Stefa, como elas a chamavam, que supria a presença diária de que dependiam. Os dois formavam um time perfeito, pois a inventividade e a criatividade de Korczak encontraram seu complemento nas habilidades práticas de Stefania Wilczyńska. Ele fornecia o impulso original, e ela, o detalhe administrativo e a continuidade.

Korczak comentava, transmitia instruções, ponderava, enquanto ela estava sempre disposta a escutar e a colocar tudo em prática. As respostas de Korczak eram rápidas e imediatas, enquanto Stefa examinava as coisas no contexto a longo prazo. Ele não tinha memória para pessoas, e quase não se lembrava de seus rostos, enquanto ela, após anos, recordava-se de todos que havia conhecido nos mínimos detalhes.

O relacionamento de Korczak com os professores que trabalhavam para ele, era geralmente intelectual e impessoal; Stefa era quem realmente mantinha contato diário com eles. Era ela quem organizava e executava as idéias que Korczak formulava, uma tarefa que necessitava grande destreza, tato pedagógico, integridade pessoal, e uma fé inabalável no direito das crianças ao auto-respeito.

Durante a Grande Guerra, Stefa tinha de se levantar toda manhã às seis horas para começar o dia na enfermaria, e ainda estava de pé, tarde da noite, fazendo a ronda, enquanto as crianças dormiam. O auto-sacrifício dos anos de guerra fortaleceu o vínculo de afeto entre ela e as crianças.

Korczak passou os quatro anos da guerra no fronte, de alguma maneira encontrando tempo para escrever seu trabalho mais amplo no assunto de *Como Amar uma Criança?* Se o major-médico do exército russo tivesse caído por acaso em um dos campos do leste da Prússia, entre suas poucas posses teria sido encontrado... um manuscrito longo sobre a educação de crianças. Korczak escreveu estas páginas, que contêm a síntese de sua experiência como pediatra e pedagogo, sob as condições mais hostis de isolamento intelectual e bombardeamento contínuo nos hospitais do campo em que trabalhava. Toda sua sabedoria acumulada e capacidade de disciplina intelectual foram utilizadas para a tarefa.

Korczak foi freqüentemente comparado com o reformador educacional suíço Johann Pestalozzi, e de fato, sempre considerou a obra de Pestalozzi *Como Gertrude Ensina suas Crianças* um grande trabalho pedagógico. Nem é preciso adicionar que do mesmo modo que este livro é um dos clássicos da literatura pedagógica do século XIX, também o de Korczak, *Como Amar uma Criança?*, é uma das obras primas educacionais de nosso próprio século.

A guerra finalmente levou Korczak até a afastada Manchúria. Esta foi sua segunda experiência de derrota militar, e ele escreveu: "A guerra não é assassinato. É a parada da vitória dos homens insanos, chegando em casa bêbados da Walpurgisnacht"*.

Em 1918, voltou para Varsóvia. Era uma cidade diferente daquela que havia deixado. Varsóvia era agora a capital de uma Polônia independente, e a criação do novo Estado originou um clima de rejuvenescimento social e moral.

Entre as várias atividades públicas às quais Korczak agora se dedicava, estava a Nasz Dom, o novo lar para crianças da classe trabalhadora, que havia sido organizada pela assistente social polonesa Maryna Falska. Agora ele passava dois dias por semana com estas crianças polonesas católicas, enquanto continuava a dedicar o resto

*. Festa pagã de origem germânica, comemorada na passagem de 30 de abril a 1º de maio para celebração da entrada da Primavera. Na Idade Média foi transformada em festa católica em homenagem à Santa Walpurga. (N. da E.)

do seu tempo às crianças judias na rua Krochmalna. Nos dois lugares ele empregava os mesmos métodos e aproveitava a ajuda de assistentes dedicados.

Tanto o Nasz Dom como o lar da rua Krochmalna eram ilhas de felicidade para as crianças quanto aos seus cuidados, comparados às várias outras instituições municipais, eclesiásticas ou filantrópicas que existiam em Varsóvia na mesma época. Em nenhum outro lugar da Polônia havia teorias e métodos educacionais de natureza tão avançados sendo exercidos.

Se a grande tendência de educação humanística que percorreu a Europa e os Estados Unidos na primeira metade do século XX fosse brevemente pesquisada, seria preciso mencionar nomes como o de Hugo Gaudig (1860-1923) na Alemanha, que insistia que as escolas não existiam para a auto-expressão do professor, mas antes, para desenvolver a personalidade do aluno; Ovide Jean Decroly (1871-1932) na Bélgica, com sua escola de "para a vida, pela vida"; Maria Montessori (1870-1952) da Itália, que desenvolveu um sistema educacional baseado na livre atividade e visando a criação de uma criança auto-regulamentada, autônoma, por meio do movimento e do trabalho; Celest Freinet (1896-1966) na França, que acreditava no desenvolvimento da personalidade da criança por meio da criação de um ambiente que encorajasse suas forças criativas; e C.D. Washburne, fundador da Escola Winnetka, e Helen Parkhurst (1887-1957), fundadora da Escola Dalton, nos Estados Unidos. Apesar de se poder dizer que Korczak, ele mesmo não inventou uma única idéia ou concepção que fosse nova no campo, sua importância reside no fato de que foi ele, acima de tudo, quem introduziu este espírito pedagógico vigoroso na Polônia, e adaptou-o especificamente às necessidades da criança abandonada.

A breve guerra que irrompeu em 1919 entre a Polônia e a Rússia bolchevista, novamente forçou Korczak a vestir o traje militar, mas desta vez como um patriota polonês. No entanto, ele permaneceu em Varsóvia, onde foi encarregado de combater doenças contagiosas nos hospitais. No decurso de seu trabalho, ele mesmo adoeceu de tifo, e assim, para não expor as crianças à infecção, quis ser levado para o apartamento de sua mãe. Finalmente se recuperou, mas sua mãe ficou doente e morreu. Seu profundo pesar pela partida dela foi encontrar expressão no trabalho religioso "Sam na sam z Bogiem" (Sozinho com Deus), ao qual se referia como "as rezas daqueles que jamais rezarão".

Por fim, Korczak voltou para suas crianças.

Quais eram exatamente os objetivos e as técnicas do método pedagógico de Korczak?

Korczak acreditava que a esperança futura da sociedade não estava no aprimoramento dos governos, mas no aprimoramento do ser humano. Isto ele esperava conseguir, não por meio de compulsão, nem por imposição das visões de pedagogo, e tampouco por ruptura da individualidade da criança. O que toda criança precisava realmente, ele afirmava, era de uma espinha dorsal moral própria, aquele mínimo necessário de humanidade sem o qual a vida não pode ser vivida.

O método de Korczak pode ser dividido em seus aspectos profiláticos e terapêuticos, embora nem sempre seja fácil demarcar a divisão entre eles.

Entre as técnicas profiláticas ou preventivas que usava, havia uma que podia ser chamada de "liberdade para lutar". Às crianças do lar era concedido o direito de "resolver" certas disputas e conflitos menores por meio de embates diretos, mas esta "solução" estava sujeita a certas leis processuais. Entre elas, havia a exigência de que os combatentes "registrassem" em um quadro informativo, onde deveriam escrever com quem gostariam de lutar e por quê. Isto deveria ser feito antes da luta, mas nos casos em que uma luta espontânea irrompesse, era feito quando acabasse. Imparcialidade era uma imposição sempre: os combatentes deveriam ser igualmente capacitados, não era permitido armas nem golpes perigosos etc. O sancionamento do direito de lutar praticamente eliminava todas as vinganças não supervisionadas. Esta quase supressão da violência por meio de um "contrato social" reconhecido tornou as coisas muito mais fáceis para os professores e para as crianças, e aprimorou o relacionamento entre todos. Foi uma solução que simultaneamente fortaleceu o mecanismo contra a violência na criança enquanto preservava uma saída para as energias hostis que haviam se acumulado.

Um outro costume no lar era o das "notas de agradecimento". Sempre que uma criança fizesse um favor para outra, ou uma criança para um professor, ou um professor para uma criança, o beneficiário deveria expressar publicamente sua gratidão. Isto não era feito em qualquer questão secundária, mas sim, quando alguma ajuda especial havia sido prestada, como quando uma criança concordasse em substituir outra em um trabalho, ou quando um professor contasse uma história especialmente boa, ou se o jardineiro protegesse algumas crianças de um bando de valentões na rua. Os "obrigados" eram recitados todo sábado, quando o jornal das crianças era lido em voz alta em uma assembléia geral.

A "caixa de achados e perdidos" era outra lei. Uma vez que tudo tinha seu dono por direito, dava-se muita ênfase à devolução de todos os objetos perdidos. Uma caixa de vidro foi disposta para este fim, e foi construída de modo tal que as coisas podiam ser colocadas nela, mas não facilmente retiradas. Em um dia determinado, os achados eram divididos ou devolvidos. Korczak reconhecia o desejo natural da criança – de todas – de adquirir coisas. Ele avaliava a "propriedade privada" de suas crianças não de acordo com seu valor objetivo, mas de acordo com o sentimento subjetivo a seu respeito.

"O educador deve ter em mente", escreveu:

> que toda criança tem algo que não é a posse anônima da instituição, mas pertence a ela, particular e exclusivamente [...]. O educador pouco sensível, que não compreende ou é impulsivo, tende a se zangar ao ver bolsos cheios, gavetas que não fecham, discussões que começam por coisas roubadas ou perdidas. Em um acesso de raiva, ele pode agregar todos estes "tesouros" em uma pilha e jogá-las no lixo ou no incinerador. Isto, no entanto, é um ato de vandalismo indescritivelmente bárbaro. Como você pode, em sua ignorância, destruir a propriedade de outra pessoa? E como você pode esperar então que a criança ame alguma outra coisa novamente? Você não está queimando papel, mas as mais preciosas tradições e as aspirações mais sublimes da vida.

Nenhum conjunto de explicações ou detalhes poderia, de algum modo, oferecer o retrato pleno do método de educação individualizada para a prevenção da desarmonia social entre as crianças sem lar de Korczak.

Ao descrever o aspecto terapêutico de seu trabalho, também devemos nos limitar a alguns poucos exemplos.

Primeiro e mais importante era sua atitude em relação ao *trabalho*.

Todas as crianças no lar realizavam tarefas de acordo com um sistema de revezamento, que era geralmente dividido em períodos de três meses. Em troca de toda meia hora de trabalho cada criança recebia uma "unidade de trabalho". Cada criança mantinha-se ciente de quantas unidades de trabalho tinha a seu crédito. Quinhentas unidades de trabalho davam direito a um "cartão de recomendação". Quem conseguisse ganhar doze destas "recomendações" no decurso de dois ou três anos, recebia o título honorário de "trabalhador", um posto que conferia ao seu possuidor vários privilégios especiais.

Entre as finalidades do trabalho era de incutir em cada criança uma crença em suas próprias capacidades. Melhores atitudes quanto ao trabalho concediam à criança, no decorrer do tempo, a primeira escolha de quais tarefas gostaria de executar.

Korczak prestava atenção especial às habilidades das crianças doentes, fracas, "malsucedidas". "Talvez", comentava,

> uma criança assim precisa de mais tempo para se acostumar a tais coisas; talvez, também, devesse ser integralmente dispensada do trabalho.

E continuava:

> a criança verdadeiramente talentosa não se fortalece por ter de lutar contra as dificuldades, não se vangloria de cada pequeno sucesso, e não desperdiça suas habilidades. A criança orgulhosa, por

outro lado, acha que o mundo lhe deve tudo, ridiculariza os esforços modestos e constantes de outras pessoas para alcançarem gradativamente algum objetivo, e pensa muito em suas próprias grandes capacidades, mas nunca nas dos outros.

Esperava-se que as crianças de Korczak executassem suas tarefas com honestidade e demonstrassem respeito pelo trabalho dos outros, e eram então encorajadas a aprimorar seu próprio desempenho. Trabalho em equipes ensinava-os sobre auxílio mútuo e solidariedade. Além disso, Korczak estava longe de idealizar o trabalho em si mesmo. Considerava-o simplesmente um catalisador social cuja importância não deveria ser exagerada.

Um outro exemplo das técnicas terapêuticas de Korczak era a da "aposta" ou do acordo privado. Tais "apostas" cumpriam o propósito de convencer a criança de que era capaz de mudar seus hábitos e de exercitar sua força de vontade a fim de se poupar de atitudes ou comportamentos dos quais se envergonharia. As "apostas" não eram mencionadas publicamente, nem submetidas à escrita. Elas eram realizadas somente entre Korczak e a criança, em intimidade silenciosa. Uma criança podia pedir ou ser requisitada a fazer uma "aposta" em que conseguiria superar alguma dificuldade particular num período de tempo especificado. Se ganhasse, Korczak lhe deveria balas; se ela enfraquecesse e perdesse, deveria para Korczak. Freqüentemente Korczak tinha que dissuadir o "apostador" mais ambicioso de estabelecer para si mesmo um objetivo impossível, para evitar que se sentisse frustrado quando falhasse. Às vezes uma criança pedia a Korczak para registrar uma aposta secreta, sem lhe dizer o que era. Se mais tarde a criança alegasse vitória, receberia as balas sem que fossem feitas perguntas, do mesmo modo que ela deveria lhe pagar se sentisse que havia perdido. Era realmente um acordo de cavalheiros.

É preciso mencionar também técnicas como o "plebiscito", no qual as crianças eram chamadas a votar em casos de interesse comum; o "desafio", no qual a criança era chamada a realizar uma certa tarefa para melhorar sua posição social; o jornal semanal, que servia tanto para informação como para auto-avaliação; e a instituição do "guardião", por meio da qual uma criança "veterana" se tornava responsável por um novato em caso de necessidade de ajuda. E isto não esgota a lista.

Korczak sentia-se pessoalmente envolvido com os esforços de cada uma das crianças para alcançar e construir seu caráter. Diferente de alguns outros teóricos e reformistas educacionais, estava convicto de que todas as palavras positivas de uma criança não tinham valor algum sem uma disposição real de sua parte para dividir a responsabilidade.

Os detalhes de seu método educacional dependiam em grande parte do sucesso do sistema judicial autônomo que ele desenvolveu com as crianças, e que ocasionalmente levava a elaboradas decisões de corte, cujas cláusulas chegava a centenas. O próprio Korczak comentou certa vez:

> Se coloquei tanta ênfase na corte das crianças, foi devido à minha crença de que pode ser uma verdadeira fonte de emancipação para a criança, e que pode ensinar-lhe o respeito pela lei e pelos direitos individuais. Toda criança tem direito a uma séria consideração e a uma maneira justa de lidar com suas queixas. No

passado, tais coisas sempre dependeram da disposição e das boas graças do professor. A criança não tinha direito de protestar. É hora de acabar com tal tirania.

Os parágrafos de abertura do código legal salientam a importância de manter os compromissos verbais, desde que sejam feitos após a devida deliberação, sejam compreensíveis para a criança, e reflitam as leis da sociedade das criança. No preâmbulo, Korczak escreveu:

> Quando alguém faz algo ruim, é melhor perdoá-lo e esperar que corrija seus modos. Mas a corte deve, ao mesmo tempo, proteger os calados e prestar atenção para que eles não sejam amolados por valentões; a corte deve proteger os honestos e os trabalhadores sérios, e certificar-se de que os que não se importam, ou os preguiçosos não tirem proveito deles; a corte deve manter a ordem, porque a desordem fere muito mais as pessoas boas, honestas e pacíficas. A corte não é a própria justiça, mas deve sempre se empenhar em ser justa; não é a própria verdade, mas deve sempre buscar a verdade. Os juízes podem errar, mas é desonroso apoiarem deliberadamente o lado errado.

Os professores e as crianças eram iguais perante a corte. O próprio Korczak foi condenado uma vez por violar o parágrafo cem, ao colocar um menino pequeno em cima de um armário alto e deixá-lo lá por brincadeira. A satisfação era visível quando foi anunciado o veredicto de que, "a corte considera o réu culpado da acusação, e recusa-se a abandonar o caso". Daí em diante, as crianças caçoavam de Korczak chamando-o de *Setka* ("cem" em polonês).

O método de Korczak baseava-se na necessidade de tais contratos sociais entre fracos e fortes, entre a criança e o adulto, pois estava convicto de que não podia haver duplos padrões de moralidade na educação. Não era suficiente, ele sustentava, agir de acordo com os preceitos da justiça e manter a paz, porque a primeira era, em geral, levada pelo interesse do fraco, e a última, pelo interesse do forte, de modo que as duas partes nunca poderiam concordar quanto aos preceitos da lei.

Os métodos educacionais praticados no n. 92 da rua Krochmalna criaram um laboratório experimental vivo, que atraiu pedagogos, pais e assistentes sociais de toda a Polônia. Hoje, quando olhamos para as técnicas de Korczak, da posição vantajosa das realizações educacionais dos anos de 1970, é difícil não perceber que seu método era definitivamente muito sofisticado, pessoal e preciso, dependente demais de seu gênio único, para ser facilmente adaptável às condições gerais. Quando, no trigésimo aniversário de sua morte, organizei um encontro de vários de seus antigos alunos do n. 92 da rua Krochmalma, que são agora eles mesmos pais de crianças no estado de Israel, um deles comentou:

> Korczak tornou minha vida difícil, porque me educou – com sucesso – para acreditar na justiça, considerando que nós vivemos em um mundo em que a força bruta prevalece.

Outro disse:

> Se sou uma pessoa decente hoje, é graças a Korczak. Verdade, eu não abri meu caminho para grande poder ou riqueza, mas pelo menos posso olhar meus próprios filhos nos olhos com a consciência tranqüila.

Uma terceira resposta foi:

> Qualquer coisa que eu tenha feito por mim mesmo pode ser considerado um triunfo pessoal de Korczak. Só Deus sabe o que teria sido de mim sem ele.

Korczak não teria se surpreendido.

Quando ele dizia adeus às crianças que deixavam o lar, o que geralmente ocorria aos catorze anos, costumava dizer:

> Nós estamos concedendo apenas algo que podem levar com vocês – o sonho de uma vida melhor, uma vida que não existe em nenhum outro lugar do mundo hoje, mas que algum dia existirá: uma vida de justiça e verdade.

E ainda completava:

> Mas isto não é pouca coisa. Verdade e justiça são coisas que todos precisam aprender a incorporar em si mesmos, da melhor maneira possível. Ninguém pode fazê-lo por você!

Em 1932, Korczak publicou um estudo de acompanhamento ulterior das crianças que haviam se formado em seu lar nos primeiros vinte anos (1912-1932). Ao fazer uma lista de seus campos de atuação, ele escreveu:

> Eu hesito em adicionar que – de 455 crianças! – duas se tornaram mendigas, duas prostitutas, e três foram condenados por roubo. Somente aqueles que viveram com eles compreenderão o que isto significa.

Lado a lado com suas atividades pedagógicas, Korczak continuou a escrever. Em 1922, publicou seu famoso livro infantil *Krol Macius Pierwszy* (*O Rei Macius 1º*), que trata de um reino utópico de crianças liderado por um rei reformista cujo projeto e filosofia, pode-se dizer, se aproximam dos do próprio autor. Neste volume, a experiência de Korczak no lar das crianças foi recontada de maneira maravilhosamente lírica, que continua a cativar centenas de leitores até hoje.

Em 1925 publicou um trabalho psicológico, meio-lírico, e meio-teórico, intitulado: *Quando Eu Volatr a ser Criança*. O herói da história é um homem adulto, que outra vez se torna menino. Em 1926 ele publicou um livro para crianças chamado *Bankructwo Malego Dzeka* (*A Bancarrota do Pequeno Jack*), a respeito de um menino nos Estados Unidos, com excelentes poderes de organização, que foi capaz de estabelecer uma cooperativa em sua escola, porque aprendera com os mais velhos. No mesmo ano, Korczak publicou vários diálogos breves de crítica social satírica da vida polonesa sob o título *Bezwsttydnie Krotkie* (*Impassivelmente Resumido*).

Outro projeto que também começou em 1926 foi a fundação de um semanário infantil, *Crianças Para Crianças*, que foi publicado como suplemento no diário judaico-polonês *Nasz Przaglad*. Todos os seus editores, repórteres e contribuidores recebiam um salário pelo seu trabalho. O próprio Korczak escrevia raramente para o periódico, mas toda quinta-feira ele presidia um encontro semanal dos correspondentes do jornal, que era uma experiência inesquecível para todos eles. Com o passar do tempo, o jornal desenvolveu uma rede de correspondentes em toda a Polônia, e contava entre seus contribuidores muitos meninos e meninas católico-poloneses, apesar do anti-semitismo da época.

Em 1929, Korczak publicou um sumário de suas teorias psicológicas e pedagógicas intitulado *O Direito da Criança ao Respeito** (*Prawo Dziecka Do Szacunku*), no qual expunha com vigor o caso da criança que é a vítima da privação e da negligência do adulto. O livro foi sucedido por outro volume em 1930, *Prawidla Zycia* (*As Leis da Vida*), um guia de vida para crianças e adultos, cujo tom profundo e intransigente traz a marca de muito sofrimento pessoal. Uma passagem característica declara:

> Testemunhei três guerras. Vi homens feridos com suas mãos estouradas, com seus estômagos abertos e seus intestinos pendurados. Eu vi os rostos dos soldados, adultos e crianças aterrorizados pelo resto da vida. Mas quero que você saiba que a coisa mais terrível que vi foi a cena de um bêbado batendo em seu filho indefeso, ou a de uma criança arrastando seu pai bêbado e suplicando, "Papai, papai, vem para casa!" [Muitas passagens do livro têm um tom pessoal, quase confessional, como a seguinte] Eu era rico quando pequeno, e subseqüentemente tornei-me pobre, e conhecendo ambas as condições posso dizer, de fato, que é possível ser uma pessoa boa, decente, em cada uma. Também é possível ser rico e miserável. Uma pessoa pode conhecer e estar muito familiarizada consigo mesma, e ainda assim, estar freqüentemente errada e em uma posição injusta.

Em 1931, a peça de Korczak para adultos, *Senat Szalencow* (*O Senado de Loucos*), que ele chamou de "uma farsa negra," foi encenada em Varsóvia. Sua ação, que se dá em um manicômio de um mundo dirigido por psicopatas, parece pressagiar profeticamente o insano massacre humano dos anos que virão, e que já rondava a Europa. E todavia, apesar da visão existencial assustado-

*. Trad. bras., São Paulo, Perspectiva, 1984. (N. da E.)

ra, o caráter geral permanece o de um lirismo positivo. A atitude de Korczak frente à vida na peça é talvez mais bem expressa em um conto no qual um velho diz para um menino: "Quando Deus abandona a raça humana, e volta para o céu, Ele retorna em uma chuva de pérolas que cai bem dentro do coração das crianças". A criança é a esperança da humanidade!

Foi durante estes anos de produtividade literária (1929-1932) que encontrei Janusz Korczak pela primeira vez, um jovem professor em seu lar para crianças. Neste ponto, portanto, eu gostaria de dizer algumas palavras a respeito do homem que conheci.

É difícil ser objetivo a respeito de Korczak. Quando penso nele hoje, quando tento imaginá-lo novamente entre as crianças, eu o vejo como uma figura muito criativa, ainda que definitivamente solitária. Era um homem de grande espiritualidade e raro senso de humor, extremamente cuidadoso, um artista com uma imaginação original, muito fértil, e quase infantil. Era alvo de freqüentes excessos emocionais, e muitas vezes passava do entusiasmo à depressão. Essas crises psicológicas são comumente citadas em seus escritos e em cartas para amigos, mas no trabalho cotidiano, entre suas crianças e seus auxiliares, sempre me lembro dele equilibrado, moderado, atencioso, e realmente disciplinado. Não me lembro de uma única vez, em todo o longo período que trabalhei com ele, em que tenha "perdido o controle".

Sua consciência pedagógica o impedia de demandar trabalhos a alguém, sem que os houvesse experimentado ele mesmo. Por isto que muitas vezes era encontrado ocupado nas tarefas mais surpreendentes: engraxando sapatos, por exemplo, para que as crianças vissem como fazê-lo; limpando as mesas na sala de jantar (para que descobrissem qual era a dificuldade, quanto tempo levaria, quanta interrupção devia-se esperar); polindo os móveis (era um trabalho para o qual as crianças menores poderiam ser designadas, quanto brilho dever-se-ia requerer); limpando os banheiros (a vassoura era tão importante quanto o livro) – em todas estas coisas, tinha-se a impressão de grande meticulosidade em um homem que era, por natureza, nem um pouco meticuloso.

"A verdade sobre as crianças", costumava dizer, "não é algo que se aprende apenas nos livros, mas ainda mais, na vida. E a vida é tão terrivelmente curta".

Este era o espírito com o qual dirigia sua equipe. Deixe-me dar alguns exemplos.

Uma vez, no quintal do lar, uma menina aproximou-se de uma jovem, membro da equipe, que no momento estava ocupada, cuidando de um grupo de crianças que brincavam. Quando ela tocou a professora nas costas, esta, sem se virar para olhar, distraidamente deu um tapinha em sua cabeça. Alguns minutos depois ouvi Korczak dizer com uma voz desinteressada e calma: "Senhorita, seja gentil o suficiente para virar-se e olhar. É um ser humano que você está afagando, não um cachorro".

O direito da criança ao respeito não era apenas algum tipo de teoria.

À noite, Korczak costumava muitas vezes fazer a ronda das camas das crianças que dormiam junto com os membros jovens da equipe e instruí-los sobre "a sinfonia da respiração de uma criança adormecida". Em um sussurro pensativo ele apontava a diferença entre a tosse "nervosa" e a "bronquítica", ou chamava nossa atenção para um que sofria de incontinência urinária. Em uma dessas ocasiões, escutei-o pensar alto: "Como é importante para nós compreendermos as posições de uma criança quando ela sonha".

Uma outra vez, no quarto principal do lar, um menininho aproximou-se de um membro da equipe e pediu-lhe que o ajudasse a desamarrar o cadarço do sapato, que ele não conseguia desatar sozinho. O membro da equipe, uma recém-chegada, abaixou-se, desamarrou o cadarço, e recebeu o agradecimento do menino, que então saiu para seu rumo. Só então o "doutor" (como costumávamos chamar Korczak) aproximou-se dela e perguntou ligeiramente irritado: "Diga-me, mocinha, você planeja fazer da educação sua carreira, ou um passatempo temporário?". Quando a nova professora olhou espantada para ele, ele parou, e deu-lhe uma lição prática sobre como um cadarço deve ser desamarrado.

Ida Merzan, uma assistente educacional há muitos anos residente na Polônia, conta esta história:

> Foi como assistente da equipe de Korczak que aprendi a pensar e a escrever. Foi ali que pela primeira vez compreendi as possibilidades de trabalhar com crianças abandonadas, e aprendi a confiar em meus próprios talentos e força. Tudo isto devo a Janusz Korczak, cujo exemplo pessoal e técnicas de trabalho concreto, deixaram em mim uma impressão inesquecível.

Em suas relações pessoais, ele era reservado, nunca era sentimental a respeito da desgraça alheia. O pesar que sentia era reprimido e expressava-se somente de forma lírica em seus escritos. Por esta mesma razão era cômico, quase ao ponto das lágrimas, vê-lo fazer o papel de um velho cínico.

E é claro, sempre havia seu humor extraordinário, que parecia banir toda a tristeza e abrandar todas as tensões, e transformar o próprio trabalho em um tipo de jogo, cujas brincadeiras despreocupadas eram o discurso de muitos de seus conhecidos de Varsóvia.

Recentemente deparei-me com dois artigos publicados no jornal das crianças do lar da rua Krochmalna no início dos anos de 1930. Ambos acusam Korczak por sua falta de apoio às visões pró-comunistas de alguns alunos mais velhos. Os conteúdos dos artigos trouxeram-me de volta a atmosfera daqueles dias. Korczak estava ciente de tais visões entre as crianças e costumava perguntar: "Em qual poste de luz vocês pretendem me enforcar depois da revolução?". Às vezes, quando estava de bom humor, ele encenava seu próprio processo judicial, no dia do julgamento. Ida Merzan descreve três destas encenações:

1. O personagem: Um funcionário público modelo. Ele entra em seu escritório, lentamente tira seu casaco, e pega uma pasta. "Dr. Goldszmit", diz. "Deus do Céu! O que eles querem de um velho? Eles poderiam ao menos ter deixado que ele vivesse até o fim de sua vida. Mas o que vou dizer para o meu patrão? Ele já pode até saber que estive uma vez na casa de Goldszmit. Não há esperança!". Lentamente, e com muito cuidado, ele escreve "Culpado" sobre a pasta.

2. O personagem: Um funcionário público frívolo. Ele entra correndo no seu escritório. "O que é isso? Outra acusação para assinar! Quem é desta vez? Korczak? Deixe-me tomar um gole antes, ou não vai dar". Ele rapidamente dá alguns goles e energeticamente rabisca "Culpado" sobre a pasta.

3. O personagem: Um ex-estudante modelo e líder natural das crianças, outrora um grande favorito de Korczak e de Stefa, agora um alto funcionário comunista. Ele entra em seu escritório. "Bem, quais reacionários vamos sentenciar hoje? Quem? Korczak ...? Mas eu sou um revolucionário! E Korczak é um contra-revolucionário. Culpado!".

No decorrer destas encenações improvisadas, Korczak imitava as vozes e expressões faciais de seus acusadores de dezesseis e dezessete anos.

Korczak era seguro de si mesmo e absolutamente comprometido com a visão introspectiva da vida que ele mesmo havia produzido. Auto-educação, para ele, vinha em primeiro lugar. "Você não pode ensinar os outros", ele costumava dizer, "a menos que ensine a si próprio".

No calendário que ficava na mesa de seu quarto, no sótão, encontrei uma vez alguns "xix" em lápis vermelho. Em resposta à minha indagação ele me disse, "eles marcam os dias em que tomei a decisão de diminuir o fumo". No entanto, apesar de seu autocontrole, tinha-se a sensação, em certas situações, de que Korczak, o autor e escritor lírico estava superando Korczak, o pedagogo. Tais momentos nem sempre o ajudavam a enfrentar a rotina cinzenta do trabalho diário, um fato para o qual Stefania Wilczyńska era especialmente sensível. Muitas vezes Korczak parecia estar sob uma visível tensão de pensamentos e idéias que não o abandonavam. Ele conseguia escrever apenas uma fração delas. Mesmo assim, a rapidez com que surgiam e sua própria facilidade associativa o forçavam freqüentemente a anotá-las de maneira meramente fragmentária, aforística ou em esboço.

Korczak tentava o quanto podia preservar um tempo para a contemplação reservada. Apesar de sua curiosidade intelectual ser continuamente alimentada por tudo o que acontecesse em sua volta, era essencialmente um homem solitário; embora fosse aquele tipo raro de indivíduo para quem a solidão não é uma inimiga, mas uma amiga, uma aliada criativa, um refúgio, e não um escape. Korczak lamenta-se da incapacidade do homem contemporâneo de ficar sozinho. Sua solidão espiritual enriquecia até mesmo aqueles que trabalhavam ao seu lado. Como os estóicos, ele acreditava que a melhor parte da vida é a liberdade de ser senhor de sua própria mente e alma. O resto era somente vaidade.

Nós amávamos o homem Korczak tanto por sua grandeza de espírito como por seu acolhimento e profundidade espiritual.

Em 24 de julho de 1934, Korczak chegou a Haifa. Ele ficaria na Palestina por apenas três semanas, mas seu programa era ambicioso: imergir no passado, encontrar estímulo para refletir no presente, e talvez, captar um relance do futuro.

Cuidou, no decorrer de sua visita, para não desperdiçar tempo ou tentar ver "tudo". Em vez disso, pretendia familiarizar-se profundamente com pelo menos uma área que pudesse comparar com o que já conhecia. Por fim, decidiu-se por um kibutz, pois considerou a cidade em certo sentido "fácil" demais: ele havia vivido em uma toda sua vida, e cidades eram mais ou menos iguais no mundo todo. Mesmo no kibutz ele cuidadosamente evitava conversas superficiais ou reuniões para o chá, e passava a maior parte do tempo observando as crianças palestinas nativas.

Aproximadamente nesta época, ao que parece, Korczak sentiu que havia chegado a um divisor de águas em sua vida. Era o período do tratado de amizade germano-polonesa (1934) e a morte do presidente polonês Pilsudski (1935), considerado por Korczak um grande patriota e estadista polonês. A direita pró-fascista estava em ascensão e o país foi inundado por uma onda de anti-semitismo. Em todo lugar, os judeus eram afastados da vida econômica, social e cultural. Aqui e ali já apareciam grupos vigilantes* e agitações contra os judeus. Korczak percebeu que os judeus da Polônia estavam "sentados em um barril de pólvora", e começou a se interessar pela Palestina.

Ele foi precedido nisto por Stefania Wilczyńska, que foi à Palestina em 1932 para visitar sua amiga Feige Lifshitz e trabalhou por algum tempo no lar para crianças do kibutz Ein-Harod. Maravilhada com o sistema educacional da comunidade, ela persuadiu Korczak a ver por si mesmo. Bem antes, em outubro de 1932, quase dois anos antes da sua chegada, ele escreveu-me da Polônia**:

Se existe um país, algum lugar, onde realmente é garantido à criança seus sonhos e ansiedades, seus desejos e conflitos – talvez

*. Membros do Vigilance Committee, corporação civil para manter a ordem local. (N. da E.)

**. O leitor encontrará os textos completos das cartas em redação ligeiramente diferente nas páginas 79 a 101. A diferença se deve provavelmente à tradução do polonês para o hebraico e do hebraico para o inglês, afora uma eventual adaptação do autor da introdução. Cabe observar também que a referência usual na época ao que hoje se divide em Israel e territórios palestinos era a de Palestina, em quase todos os idiomas e Eretz Israel em hebraico. (N. da E.)

seja a Palestina. É lá que um monumento deveria ser erigido ao órfão desconhecido. Quando vir uma destas crianças no trabalho dos campos, sob céus verdadeiros, imagine-os também, por um momento, em algum endereço de Varsóvia ou de Lvov. A criança a quem você estende a mão pode viver no n. 17 da rua Pawia ou no n. 30 da rua Franciszkanska. Talvez ela freqüente a escola da rua Grzybowska, em uma classe imunda e mal-cheirosa, com cinqüenta crianças. Ainda não perdi a esperança de viver meus últimos anos na Palestina, de onde sempre poderei suspirar pela Polônia.

Em maio de 1933, depois da subida de Hitler ao poder, ele escreveu:

É suficiente para mim ter conhecido aqui uns dez ou quinze emigrantes da Palestina, para saber como são as pessoas lá: como as pessoas em qualquer lugar. Talvez, por dentro e por fora, sejam um pouco mais amargas, um pouco mais ansiosas. As pessoas podem ser intelectualmente divididas em duas categorias: aquelas que se rebelam contra a vida, e aquelas que a aceitam como ela é. Se algum dia eu fosse destinado a ir à Palestina, não iria pelas pessoas de lá, mas simplesmente pelos pensamentos que poderiam me ocorrer ali. O que o Monte Sinai, o Jordão, o Santo Sepulcro, a Universidade Hebraica, os túmulos dos Macabeus, o Mar da Galiléia, e mesmo Purim em Tel Aviv e as plantações judaicas de laranja, significam para mim? Minha experiência, afinal, é de dois mil anos de história na Europa e na Polônia, de judeu errante. E agora que tantos judeus alemães vão para a Palestina, receio que terei ainda menos de um sentimento das coisas lá [...]. O que o mundo precisa não é de trabalho braçal ou de plantações de laranja, mas de uma nova fé, uma fé no futuro e na criança como fonte de toda a esperança.

Em dezembro de 1933, novamente escreveu:

Se ao menos tivesse recursos, gostaria de passar meio ano na Palestina, para contemplar o passado, e meio ano na Polônia, para manter as coisas acontecendo por lá[...]. Durante anos tenho observado o desamparo e a tristeza silenciosa das crianças sensíveis, por um lado, e as artimanhas descaradas dos animais adultos, por outro. Receio que estejamos apenas testemunhando a destruição, sem sentido, de tudo o que é honesto e amável, o massacre dos cordeiros pelos lobos. Não tenho ilusões – o mesmo deve acontecer na Palestina. Talvez, dadas as minhas condições não familiares lá, minha falta de contatos, ignorância da língua e distância de todas as pessoas, poderia ser capaz de fazer de mim mesmo uma pequena célula monástica, mas viajar sob contrato para executar este ou aquele trabalho – não, nunca. É demais para mim comprometer-me deste modo.

Neste mesmo período, as coisas pioravam progressivamente na Polônia. As crianças polonesas da rua Krochmalna começavam a importunar as crianças judias do lar e a gritar para eles: "Judeus sujos!" e "Judeus, voltem para a Palestina!". "Judeus para o gueto!" começaram a aparecer em pichações nos muros. Um dia, dois bêbados assustaram as crianças gritando: "Hitler está chegando!". A situação dos judeus poloneses tornava-se precária. Korczak começou a se interessar pelos movimentos da juventude sionista e concordou em tornar-se um membro da representação não-sionista no conselho da Agência Judaica. Em março de 1937, ele escreveu para mim,

a Palestina, se não me engano, deveria ser uma segunda Liga das Nações. Deixe que a Liga de Genebra continue sendo o parlamento para assuntos mundiais, para as guerras, massacres, trabalho, higiene e educação em massa, e permita que Jerusalém seja o centro mundial para a vida do indivíduo. Deixe que o espírito seja seu destino e sua razão de ser.

Às vezes, Korczak tinha uma visão quase mística do renascimento judaico na Palestina. Simultaneamente admirava o experimento sionista e tinha grandes esperanças nos novos horizontes e nas possibilidades que prometia; ceticamente imaginava se seria uma deserção indigna deixar as crianças em Varsóvia, para começar ali uma nova vida. Quando lhe apontei isto em uma carta, ele respondeu:

> Você diz que eu sou um otimista. Sim, é verdade, não há nada neste mundo que não importe, tudo é grande e sublime[...] Não foi a criança que o levou para a Palestina? E também o kibutz é uma criança, assim como toda árvore nova ou casa nova ou um novo trecho de estrada. Nem o fogo, nem os locustos, nem um terremoto, podem destruir seu esforço comum, que será provado eterno – mas talvez nós ainda tenhamos uma chance de conversar sobre isto na Palestina mesmo.

Isto foi escrito em julho de 1938, mas ainda havia outras dificuldades no caminho de sua chegada, pois esperava ir como visita. Em novembro de 1938, escreveu-me: "A viagem toda me custará uns 1000 zlotys. Eu simplesmente não os tenho".

Em 1939, recebi ainda uma cópia de seu novo livro, *Pedagogika Zartobliwa (Pedagogia com uma Veia Cômica)*, uma coleção de discursos proferidos na rádio polonesa; algumas histórias ardilosas a respeito de educação, igualmente para crianças e adultos; e uma carta final, escrita um mês antes da deflagração da Segunda Guerra Mundial, na qual Korczak planejava com espírito esperançoso passar o verão no campo com suas crianças. E adicionou:

> Passei este último mês escrevendo uma história palestina, mas no sentido de que se dá, na forma de uma conversa entre um pai e seu filho na Palestina: uma conversa sobre crianças. Somente para

sua última parte será realmente necessário sentir a Palestina [...] (e concluiu) "Um forte aperto de mão para você, e lembranças a todos os nossos conhecidos – Korczak.

Em primeiro de setembro de 1939, os alemães invadiram a Polônia. Com 61 anos, Korczak vestiu seu uniforme novamente. Era sua quarta guerra.

A grande loucura, que idealizou oito anos antes em sua peça *O Senado de Loucos*, havia começado. Logo após a derrota fulminante do exército polonês, Korczak apressou-se em voltar para a rua Krochmalna para ficar com suas crianças. Em vez dos usuais cem, deu-se conta – era início de 1940 – de que agora tinha 150. Todo o fardo de manter o lar recaia agora sobre ele e Stefania Wilczyńska. Korczak recusou-se a aceitar a nova realidade. Desdenhou a ordem germânica para que cada judeu usasse uma fita branca com a estrela de David, e sequer tirou seu uniforme do exército polonês, que usava sem a insígnia. Em novo protesto, desenhou uma nova "bandeira" para o lar das crianças. De um lado, bordou uma árvore florida sobre um campo verde, como símbolo da Polônia, e no outro – a estrela judaica. No diário do gueto de Varsóvia, de Adam Czerniakow, Korczak é mencionado várias vezes. Nas notas do dia 24 de dezembro de 1939, lemos:

> Todos os serviços comunais estão suspensos nos dias 24 e 25 [...]. Somente o cemitério e os escritórios de cobrança estarão trabalhando normalmente [...]. Passei o dia visitando o hospital da rua Czysta, na clínica para convalescentes e nas entradas sem diagnóstico [...]. Precisei solicitar especial cuidado para a campanha antipulgas. Os pacientes com suspeita de tifo jogavam dados [...]. Korczak veio para o almoço.

Se eu não soubesse da ligação entre os dois homens, dificilmente atentaria para esta referência de passagem, ou para muitas delas no diário. Esta anotação foi escrita três meses depois do início da guerra. Sob a ocupação nazista, a manutenção do orfanato ficou infinitamente mais difícil. O suporte filantrópico acabou, e Korczak foi obrigado, no começo, a realmente esmolar de porta em porta para levantar o dinheiro para as crianças. Suas técnicas de "financiamento" são descritas no diário de Czerniakow, na anotação de 5 de dezembro de 1940:

> Hoje faz nove graus. Estava no escritório do gueto. A Junta não tem nem um centavo [...]. Os trabalhadores estão causando problemas porque não foram pagos [...]. Korczak me contou que sempre que compra kasha em uma mercearia, diz para a senhora atrás do balcão, "me admira como a senhora se parece com minha neta mais velha"; ela fica toda corada e atende-o especialmente bem [...] ele pediu a Wedel (o dono da fábrica de chocolate) para vender-lhe cinqüenta quilos de feijão. Quando Wedel se desculpou por estar proibido de vender para os judeus, Korczak respondeu: "Neste caso, dê-me de presente".

Desde o momento em que a guerra começou, Korczak tinha uma obsessão: manter suas crianças vivas e bem nutridas.

Korczak viveu, durante esses anos, no gueto em Varsóvia, dia após dia, integralmente no tempo presente, pois a luta diária pela sobrevivência física minava as perspectivas de futuro e do passado. Tudo o que importava era passar cada hora, cada minuto – e levar consigo 150 crianças, e depois 200... Como a área do gueto diminuía continuamente, Korczak foi forçado a se mudar com suas crianças da rua Krochmalma, primeiro para o n. 33 da rua

Chlodna, depois, para o n. 48 da rua Sienna, e finalmente para o n. 9 da rua Sliska. Em cada um desses lugares, a vida entre as crianças continuou com o mesmo respeito mútuo, a mesma tolerância cotidiana e os bons costumes, como sempre, numa época em que nas ruas, fora dos guetos, seres humanos impiedosamente opunham-se e roubavam uns aos outros, na luta para permanecerem vivos, e a Morte enviava homens, mulheres e crianças embalados para as câmaras de gás. As crianças ouviam as histórias de seus professores, brincavam com seus jogos habituais, e continuavam a reunir sua "corte" – tudo com a seriedade e a concentração apropriadas. Korczak estava ali ao lado deles, e as crianças sentiam sua presença sem que ele pesasse sobre elas, ou elas sobre ele. Ele cuidava para que as crianças ao menos continuassem a estudar leitura, escrita e aritmética, e até inventou um novo sistema de "cartões de estudo individual". Ocasionalmente ele convidava conhecidos estudiosos judeus, que estavam agora confinados ao gueto, para lecionar matérias de natureza histórica, social ou literária. O programa de educação artística também foi mantido. A cantora romana Lilian-Lilienstein, convidada a participar de um "concerto" na casa, pouco antes da Páscoa de 1941, relata:

> o prédio estava totalmente limpo, embora recordo que neste dia o auditório e os corredores estavam totalmente vazios. As crianças vestiam o que tinham de melhor, assim como nós, e se sentavam atentamente, esperando o início do programa. Stefania Wilczyńska tinha tudo organizado até o último detalhe. O Dr. Korczak começou o recital dizendo algumas palavras, que eram suficientes para

criar um tom festivo e calmo. As crianças pareciam todas atentas. Nós, os artistas, estávamos literalmente famintos, e imagino que nossa audiência também. Mas nunca me esquecerei da excitação e do sentimento de todos aqueles olhares focados em nós. É difícil explicar o que significou aquele concerto para nós, artistas e crianças igualmente, àquele tempo.

Em 15 de julho de 1942, foi exibida para as crianças uma peça de Rabindranath Tagore chamada *O Correio*, que Korczak trouxera para o lar. Seria a última apresentação artística no orfanato, e foi descrita para nós por uma testemunha ocular, Dr. Zofia Szymanska-Rosenblum:

a peça era sobre um menino pequeno doente, confinado em sua cama sob ordens médicas. Seu único passatempo era olhar a vida lá fora pela janela. E lá, a vida se revelava em toda sua riqueza. Do lado de fora da janela passam o carteiro, a menina das flores, o carregador de água, o leiteiro, as crianças brincando. O perfume das flores é intoxicante. Ele podia escutar o canto dos pássaros e o soar de um gongo. O menininho, do lado de dentro, recebe tudo isso, e estabelece uma profunda amizade com os transeuntes. Seu amor pela vida, pelas pessoas e por sua beleza, é tão grande que ele ganha o coração de todos que o conhecem.

O pequeno Amal sonha em estar livre, em correr para longe, até as montanhas ou para o riacho. Ele quer ver uma vaca, deitar-se sob os raios do sol, beijar as flores, ouvir o gorjear dos pássaros. Entretanto, o intransigente médico, insensível, insiste para que permaneça na cama, no triste quartinho e que fique longe do sol, com as cortinas fechadas, para mantê-lo alheio à luz do sol, à brisa do outono e a todos os outros sinais de vida. Um dia, o pequeno Amal foge de seu quarto estafante, e um guarda lhe assegura que um dia o próprio médico o tomará de volta e o levará para fora do quartinho. Pois há sempre, diz, "Alguém maior e mais sábio do que nós que, chegará finalmente para nos salvar".

As crianças do orfanato festejaram essas palavras com seus olhos e ouvidos em Amal como se ele fosse um arco-íris em uma nuvem. Eles mesmos estavam sufocados dentro do gueto, pressionando desesperadamente seus narizes contra todas as rachaduras das paredes, para ver o que havia do "outro lado." Com a respiração presa, eles esperavam junto com Amal pela chegada da carta do rei, contendo boas notícias. Amal nunca perde a fé, e ainda está cheio de esperança quando adormece na cortina (?)... O velho Dr. Korczak estava sentado, cabeça pendida, em um canto escuro do quarto, com uma tristeza inefável em seus olhos.

No dia 18 de julho de 1942, durante seus últimos dias no gueto, o Dr. Korczak com 64 anos, escreveu em seu diário, que foi depois divulgado clandestinamente para dar o testemunho trágico da luta das crianças judias na Polônia:

Ontem tivemos uma apresentação teatral, *O Correio*, de Tagore. Depois de vários agradecimentos da audiência e de dar as mãos, sorrisos, tentativas de começar uma conversa amigável (talvez tudo isto me ajude na próxima quarta-feira quando darei uma aula sobre "Ilusões: Seu Papel na Vida Humana").

Em um outro dia, Korczak escreveu em seu diário a respeito do espectro da morte se infiltrando nas ruas do gueto, junto com a vida:

Um menino estava deitado na calçada, ainda vivo, ou talvez já morto. Três outros meninos estavam brincando perto. A corda com que brincavam ficou presa ao corpo que estava no chão. Furiosos por interferir em seu jogo, eles começaram a chutá-lo ali onde estava deitado. Finalmente um deles disse "Vamos embora, ele só está atrapalhando", e lá se foram, ainda tentando soltar a corda.

E em outra passagem:

> Voltei esgotado das "rondas". Sete visitas, conversas, lances de escadas, perguntas. O resultado: cinco zlotys, e uma promessa de mais cinco a cada mês. E com isto se supõe que eu mantenha duzentas almas vivas!
>
> Deitei vestido na cama. Era o primeiro dia realmente quente. Não conseguia pegar no sono. Minha cama fica no meio do quarto. Há uma garrafa de vodka embaixo dela e sobre a mesa, uma jarra de água e um pão de centeio.
>
> Conseguir forças para sentar-me na cama, para alcançar minha roupa de baixo, para abotoá-la, se não todos os botões, pelo menos um. E também minha camisa. Então tenho que me dobrar para vestir as meias, e há ainda os suspensórios [...] Comecei a tossir novamente. É difícil levantar e abaixar até o chão.

Sofria agora do mau funcionamento de um músculo do coração, inchaço nas pernas, e uma infecção crônica nos olhos. Neste momento, Korczak pensou muito em eutanásia, mas a ética de sua profissão, como expressa no juramento hipocrático, venceu, e por fim escreveu:

> Mesmo quando as coisas estavam piores e eu realmente pensei em tirar as crianças pequenas e os velhos do gueto por que estão condenados em sua miséria, eu não podia ver isto senão [...] como assassinato de almas inocentes.

E em outro lugar, escreveu: "A vida é tão dura e a morte é tão fácil!"

Do lado "ariano", não faltavam tentativas para fazê-lo concordar em ser tirado do gueto, e salvar sua vida. Ele rejeitou todas desdenhosamente. As crianças não seriam abandonadas; ele não era um desertor...

O 5 de agosto de 1942 chegou.

Uma testemunha ocular que trabalhava no primeiro posto médico em Umschlagplatz relatou:

> Era um dia insuportavelmente quente. Levei as crianças do lar para o final do quarteirão, perto da parede. Pensei que conseguiria salvá-los desta maneira, pelo menos até à tarde, e possivelmente até o dia seguinte. Sugeri a Korczak que fosse comigo pedir para que os oficiais do gueto interferissem. Ele recusou, porque não queria deixar as crianças nem por um minuto. Começaram a ocupar o trem. Fiquei perto da fila de policiais do gueto, que colocavam as pessoas nos vagões e observava com o coração na boca, na esperança que meu estratagema funcionasse. Mas eles continuavam a colocá-los dentro e ainda havia espaço. Constrangidas por chicotes, mais e mais pessoas eram empurradas para dentro dos vagões. De repente, Schmerling – o sádico oficial da polícia do gueto, encarregado pelos alemães do Umshlagplatz – ordenou que as crianças fossem levadas para os carros. Korczak foi à frente. Nunca me esquecerei dessa visão até o fim da minha vida. Não era apenas entrar em um vagão – era um protesto silencioso, mas organizado, contra os assassinos, uma marcha jamais vista por nenhum outro humano. Korczak foi primeiro, com a cabeça erguida, levando uma criança em cada mão. O segundo grupo foi levado por Stefa Wilczyńska. Eles seguiram para suas mortes com um olhar de desprezo por seus assassinos. Quando os policiais do gueto viram Korczak, voltaram a atenção e o saudaram. "Quem é este homem?" perguntaram os alemães. Eu não pude mais me controlar, mas escondi com as mãos o fluxo de lágrimas que corria pela minha face. Solucei e solucei por nosso desamparo em face de tal assassinato.

Em 1965, viajei para a Polônia para encontrar as sombras do passado nas mesmas ruas de Varsóvia onde conhecera meu grande professor. Revisitei a casa onde trabalhei a seu lado muitos anos antes.

Caminhei pelas alamedas do quarteirão judaico arruinado até chegar em Umschlagplatz. Parei em frente a uma placa memorial que declarava, em três línguas, que milhares de nossos irmãos martirizados haviam sido enviados deste lugar para Treblinka. Em minha mente eu o vi, e pensei, também, que sobre seu túmulo desconhecido, para além do negro ódio e dos vapores venenosos da morte, eu pude ver – seu sorriso de compreensão e perdão.

Pensei comigo mesmo: Era um bom médico. Era um bom filósofo. Era um bom pedagogo. Era um bom escritor. Era um bom poeta. Era um bom homem.

Crianças trabalhando na cozinha no Orfanato.

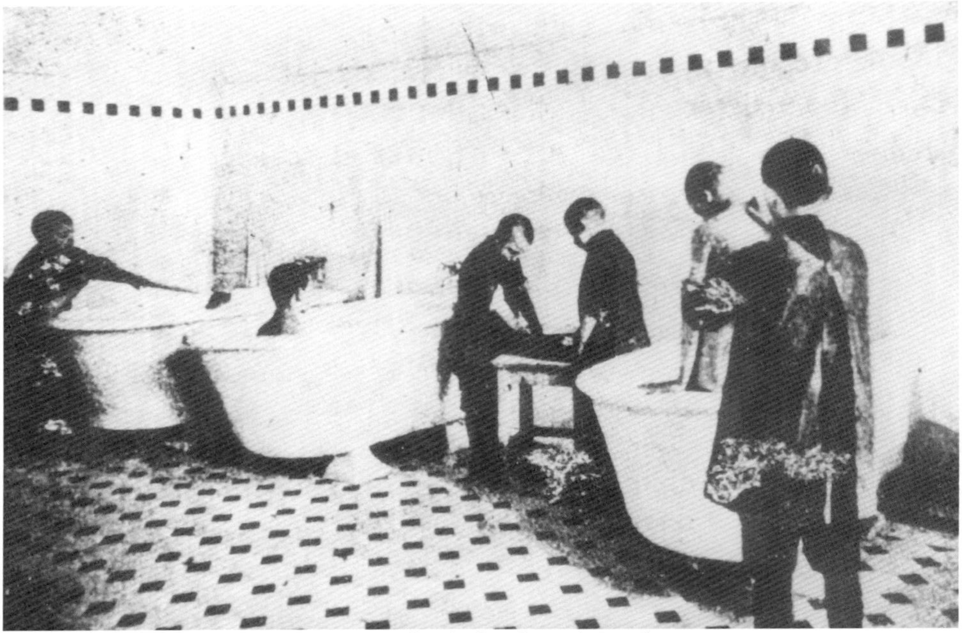

Crianças na sala de banhos do Orfanato.

Cartas de J. K.

8 de outubro de 1932

Caro Juzek,

Em nossa sociedade, muitas falsidades se acumularam a respeito da criança.

A humanidade foi aprisionada pelas desilusões acerca da eternidade e mesmo da juventude eterna. É inerente à nossa psicologia. A criança é então um convidado indesejável – perturbando e impulsionando para a velhice e para o túmulo. Se assim não fosse, como se explicaria esta confusão e injustiça cometidas contra a criança?

Se existe um país onde é oferecido honestamente à criança uma chance para expressar seus sonhos e seus temores, suas aspirações e suas perplexidades – possivelmente é em Eretz Israel. Lá deveria ser erguido um monumento ao órfão desconhecido.

Quando as vir (as crianças) no campo, sob a abóbada do céu verdadeiro – tente então transferi-las, em sua imaginação, para algum endereço em Lvov ou em Varsóvia. A criança que você está tentando ajudar pode residir à rua Pawia, n. 17, apto. 58, ou à rua Franciskanska, n. 30, apto. 90. Aqui, freqüenta a escola na rua Grybowska, em uma classe mal-cheirosa, uma entre cinqüenta.

Não perdi a esperança de passar meus últimos anos em Eretz Israel, e lá sentir saudades da Polônia.

Juzek, existem momentos de aflição que deprimem o indivíduo e outros que o elevam. As saudades fortalecem e aprofundam a alma. Não vamos qualificar experiências difíceis como ruins.

Qual é o sentido da chamada frustração?

É o de explicitar o fato de que somos influenciados por qualquer pequena desilusão; é o testemunho da óbvia imperfeição do homem, da vida.

Se o objetivo de vida é a satisfação – tanto do estômago como da mente – você estará sempre correndo o risco de ruína: quando tudo é consumido, advém o sentimento repugnante de saciedade ou de vazio. Quando seu foco é alimentar os outros – então você tem um objetivo à sua frente, uma necessidade de plenitude – para dissipar seus sofrimentos, encontrar a si mesmo e alegrar os outros, fugir de ambições pessoais. As falhas são então ainda mais dolorosas, mas não contaminam. Não é uma vida fácil ou confortável, mas uma vida franca, repleta de pequenas tarefas diárias.

Tudo de bom.

Um sincero abraço,

Goldschmitt

15 de maio de 1933

Caro Juzek,

É suficiente conhecer 10-15 Olim (imigrantes) indo para Eretz Israel para ter uma idéia da natureza do homem de lá. Internamente, ele é igual a qualquer outro homem de qualquer outro lugar. Externamente, é amargurado e repleto de anseios. Espiritualmente, os homens se dividem em duas categorias: os rebeldes e os que são resignados à vida. Se o destino decretasse e eu fosse para Eretz Israel, não iria pelas pessoas, mas pelas idéias que nasceriam por estar lá. O que significariam para mim o Monte Sinai, o Jordão, o Santo Sepulcro, a Universidade no Monte Scopus, as cavernas dos Macabeus, o Mar da Galiléia – e depois Purim em Tel-Aviv, as plantações de laranja? Eu deveria reviver nesta experiência dois mil anos de história européia, de história da Polônia, das peregrinações judaicas.

Tenho a impressão de que com a Aliya (imigração) dos judeus alemães, será muito mais difícil para mim compreender Eretz Israel.

O mundo não tem necessidade de trabalho e de laranjas, o que precisa é de uma nova fé. A fé na vida futura deve estar ligada à criança, que é a fonte de toda esperança.

Estou lendo muito, como um estudante ou um jovem. Em todo livro, em todo jarro de água, encontro algumas gotas de verdade, das minhas, de mim mesmo. Como reuni-las? Eu antevejo grande sofrimento e uma grande explosão de entusiasmo. É uma ilusão acreditar que nesse momento terei um grande número de coisas para dizer. Deve-se esperar, ainda que na minha idade agita-se o pensamento de que é tarde demais.

Se tiver necessidade de livros, ou jornais da Polônia, podem ser providenciados. No entanto, se sua intenção política é a de cortar todos os laços que o ligam à Polônia, então o esforço será em vão e isto não ocorrerá.

Por favor, entre em contato com o Consulado polonês.

A Polônia pode estar interessada em manter contatos estreitos, e não em rompê-los.

Melhores votos, saudações e um forte abraço,

Korczak

27 de novembro de 1933

Caro Juzek,

Senti-me cansado, velho e desnecessário no orfanato e foi por isto que saí, ou para ser mais correto – fui despedido. Você achará difícil compreender e eu não vou tentar explicar. Tudo o que sobrou foram pensamentos e a fé no futuro que não sei se viverei para ver.

Estamos no meio de uma guerra de cem anos e a Idade das Trevas está ainda reinando. Uma inacreditável injustiça é cometida contra o homem e a criança. Se tivesse recursos, gostaria de passar meio ano em Eretz Israel para refletir sobre tudo o que aconteceu, e meio ano na Polônia, para preservar o que ficou. O modo de vida é determinado por astuciosos, apesar de ser liderado pelos sábios (esta é possivelmente minha crença mais recente), mas não há lugar para pessoas boas. A vida está repleta de veneno, de agressão mútua, raiva motivada pela humilhação. Não admira que, como resultado das presentes circunstâncias, o mal e o descontentamento são predominantes. Eu fugi do mundo dos pensamentos para trabalhar. Encontrei consolo na barbearia – lavando cabeças, fazendo unhas. Agora também isto acabou. O alívio chegará porque a emoção é decisiva para a ordenação da aparência do mundo. É possível que precisemos cortar os laços de boa-vontade, para provocar e incitar, para despedaçar estes laços. Há anos tenho observado crianças sensíveis, observado seu desamparo e sua tristeza silenciosa, e a frenética insolência das brutas ferozes. Suspeito que estou sendo influenciado pela memória de uma novela assustadora de algum autor russo – em que tudo que é bom e delicado é destruído indiscriminadamente – em que as ovelhas são despedaçadas por lobos.

Não tenho ilusões – provavelmente o mesmo ocorre em Eretz Israel. É por isso que, sob circunstâncias estranhas, sem contatos, sem conhecer a língua, afastado das pessoas, eu provavelmente possa encontrar lá minha cela de eremita. Estou tentando ver que pensamentos conceberia ali. Estava refletindo... Não – viajar como um funcionário que tem de cumprir certas obrigações. Não, é difícil demais ter de assinar contratos.

Estou lendo muitos livros importantes a respeito da educação moderna – todos repletos de frases vazias e hipocrisia. Não há educação, o que existe é antroposofia. Somente 10-15 anos separam estas crianças da sua vida adulta.

Não tenha pressa de entrar no trabalho educacional. Gostei de ler Rousseau, que descobriu a criança somente com quarenta anos e preservou uma ilusão inocente. Eu comecei cedo demais.

Um sincero abraço,

Korczak

6 de dezembro de 1933

Caro Juzek,

É possível que eu esteja escrevendo muito cedo a este respeito. Como há pessoas que já o sabem – Varsóvia neste sentido é um subúrbio de Eretz Israel – as notícias chegarão a você de qualquer maneira e podem ser distorcidas.

Estou saindo para uma visita de quatro a seis semanas a Eretz Israel. Tenho uma promessa definitiva, mas não quero ter a ilusão de que farei muitas tentativas. Primeiro, eu não sei, e segundo, não tenho certeza se estou habilitado. Sei como é difícil conversar por meio de gestos ou sinais, principalmente com crianças, que são importantes para mim. A geração agitada dos Olim (imigrantes) não é muito promissora. São governados por desejos secretos e frustrações. Como ouvi dizer, as crianças nativas são chamadas de Sabras. Assisti a um filme que usava este nome e não compreendi. Gostaria de vê-las por mim mesmo.

Estou terminando esta carta. Talvez estejamos logo em condição de discutir este assunto e então será muito mais simples. Caso não nos vejamos, o que posso dizer em uma carta, ainda que se estenda por quatro páginas?

Com amáveis cumprimentos,

Korczak

20 de março de 1934

Caro Juzek,

Minha viagem para Eretz Israel já foi decidida, eu apenas a posterguei para agosto. Estou muito velho para correr pelo mundo sem um objetivo, ou para meramente satisfazer minha normal curiosidade humana. Tenho de estar certo de que sei o que direi em Eretz Israel a respeito da Polônia, e o que relatarei na Polônia sobre Eretz Israel. Deixar tudo para o acaso e intuição, ou preparar-me antes e ler matérias para esclarecer a mim mesmo o que estou procurando. E é esta a razão porque estou hesitando. Não se trata de verdades aceitas. Se eu fosse tomar a criança como ponto de partida – e é isto que pensei fazer, porém logo me convenci de que seria um erro. Nós temos observações de apenas uma geração de crianças, os primeiros quinze anos de suas vidas. Aí (em Eretz Israel) deve-se considerar um período muito mais vasto – vinte séculos de cristandade, a velha geração.

Decididamente, uma geração de contato com os árabes e com o povo indiano não é suficiente. Não se trata apenas de Eretz Israel, mas também das antigas Grécia e Roma; não é meramente uma questão de importação e exportação, mas uma questão também de valores espirituais. Naturalmente preciso do contato com o céu e com o cenário, o Jordão e as areias, com muitas, muitas ruínas e remanescentes do passado. Com o consentimento do Vaticano, Nazaré e o Santo Sepulcro foram confiados aos judeus. Não ouvi alguém que tenha se surpreendido com o assunto, mas provocou em mim muitos pensamentos. Para mim – uma viagem assim pode não ter sentido, ou posso decidir permanecer por um longo tempo.

É por isto que estou hesitando e postergando.

Aqui, na Polônia, há muito trabalho a fazer.

Não sou indolente e não sou indiferente. Esta é minha região, foi onde cresci. Estou familiarizado com as tradições, com as pessoas. Conheço a língua proficientemente – aí, tudo será estranho e difícil.

Suas fábricas e plantações de cítricos – as discórdias e conflitos – estão muito melhor preparados para isso do que...

Ainda não saí de Varsóvia e já existe um grande número de boatos baratos nos jornais, e eu necessito de paz na mente. É por isto que eu gostaria de sair repentinamente e durante o inverno. Não estou me apressando porque não tenho muito tempo a perder. Harry confirmou minhas contendas e dúvidas em poucas frases.

Sei que esta carta não dissipa as dúvidas porque elas não dependem de circunstâncias externas, mas estão dentro de mim.

Então, em meados de agosto, ou eu posso adiar novamente.

Com meus cumprimentos,

Korczak

7 de fevereiro de 1936

Caro Juzek,

Quando somos tomados por um sentimento de torpor, quando vemos a nós mesmos como supérfluos e desnecessários, quando vemos toda nossa vida como inútil e desprovida de valor, quando sentimos vontade de nos esconder em um canto secreto para refletir pela última vez sobre uma ou outra coisa, a respeito de nós mesmos, sozinhos, ou sem essa introspecção em cessar de existir – então de algum lugar nos chega uma palavra bondosa, um eco amigável, mudamos de idéia precipitadamente: "que bobagem!" e depois hesitamos: "quem sabe, depois de tudo..."

Todo homem deseja contribuir com mais uma coisa!

Você escreve que todas as minhas dúvidas sobre ter falhado provaram ser falsas. Minha falha consiste no fato de que tudo que me alegrava no passado tornou-se um trabalho extenuante, tudo que parecia ser admirável e factível, tornou-se agora dúvida, apreensão e vergonha. O progresso atual é tão pequeno e também parece sem importância.

Fiz uma promessa de preservar a criança e defender seus direitos, mas tudo o que posso fazer é uma prece ou uma bênção desejosa de apoiá-la em seus passos apressados e inseguros.

E onde existe um lugar mais apropriado para repreender os indolentes, para guiar os fortes, e defender (em palavras?) os pequenos e fracos – se não em Eretz Israel?

É a isto que anseio.

Mas aqui, para meu desgosto, estou preso (e sobrecarregado) pelo trabalho real (?) que está a ponto de decair.

Se eu pudesse, ao menos, convencer-me de acreditar nisto, Eretz Israel não admitirá (e de modo algum pode admiti-lo). É por isto que estou autorizado a lá permanecer apenas sob uma condição: não me tornar um fardo para o país.

Todas as vozes que me chegam de lá têm enorme importância para mim, e é por isto que lhe agradeço sinceramente por sua carta.

Um abraço apertado,

Korczak

30 de março de 1937

Caro Juzek,

Escrevi para Jerusalém, para o Ein Harod, duas cartas para Haifa, para Moshe Zilbertal, e agora, completamente exausto, estou escrevendo para você. Demorei a escrever por causa da decisão inusitadamente difícil a respeito de minha viagem para Eretz Israel, se não para estabelecer-me permanentemente, então pelo menos para uma visita de um ano. Estou omitindo vários detalhes. O importante é que, a princípio, desejo isolar-me por um ano em Jerusalém e então começar, como uma criança no jardim de infância, a me ajustar a uma vida, um clima, uma língua diferentes e diversos ambientes. Quando se tem sessenta... é impossível abordá-lo de modo diferente, é até mesmo proibido. Um homem é responsável por seu próprio espírito, por seu próprio modo de pensar – este é seu local de trabalho. A ameaça que paira sobre mim na Europa (não na Polônia) é o destino de um velho áspero e amargo: "perdedor" (como dizem os malandros). Conseguirei voltar à minha vida, nascer novamente? Não sei.

O que me conforta é que esta é a última tentativa – tenho me perguntado: Não é muito tarde? – Não – Se eu tivesse ido há mais tempo, eu me sentiria um desertor. Deve-se permanecer em seu posto até o último momento. Se eu tivesse o desejo de me aposentar como um pensionista depois de uma "vida-de-trabalho", e meramente desempenhar bagatelas insignificantes, estas ou outras, teria sido capaz de terminar os poucos anos que me restam calma e tranqüilamente. Mas isto é impossível. Aquele que come seu pão hoje é obrigado a empenhar cada pequena porção de força, aquele que passou por muito, que viu e experimentou, não pode se dar ao luxo de permanecer passivo num momento em que a humanidade, tão tragicamente destroçada, está à procura de seu caminho, se não para gerações futuras, ao menos pela geração que está crescendo hoje.

Se não aparecerem obstáculos imprevistos, partirei em maio. Poderemos nos encontrar e conversar à vontade.

Durante minha primeira visita, nosso encontro foi muito breve. Na pressa de abarcar mais vilas e cidades, não houve tempo para olhar, nem certamente para pensar. Estou com saudades dos dias monótonos em que não se tem de absorver novos problemas, e há tempo para digeri-los.

Isto é tudo. Você menciona "weltschmerz" – existe em cada pessoa, em todas as épocas históricas. É a necessidade de acreditar e de buscar a Deus. No que concerne aos judeus, eles carregam um pesado fardo – devem servir de vanguarda para a elevação das raças de cor – na China, na África do Sul, na América, e nas Ilhas e na Índia – em todo lugar há necessidades, além do homem inglês acomodado e reinante, de um agente modesto que possa representar a civilização branca. Como seria maravilhoso se este trabalho de civilizar pudesse ser puro e sincero.

Eretz Israel deveria ser, se não me engano, uma segunda Liga das Nações. Genebra serve de Parlamento para organizar assuntos materiais – guerra, massacre, trabalho, higiene, métodos educacionais e educação para as massas, enquanto Jerusalém representa a vida individual, sua missão, seu direito de existência é o mundo do espírito.

Eis aqui um resumo de muitas reflexões que me acompanharão em minha última peregrinação.

Um sincero abraço,

Korczak

30 de dezembro de 1937

Caro Juzek,

Está difícil, muito difícil. Vocês jovens estão esperando; a história está evoluindo muito rapidamente. Não pode continuar por muito tempo. O mal ainda não chegou à sua total profundidade, mais cinco, talvez dez anos e a tempestade, o vento ou o dilúvio chegarão, e então vocês testemunharão o mundo da nova ordem. Nossa geração passou por uma certa extensão da história e fez certos experimentos mal-sucedidos. As crenças oscilaram perante nossos próprios olhos – o bem e o mal que persistiram durante centenas de anos ruíram – Nós olhamos para trás, vocês olham o amanhã; nós – cada um por si, vocês – estão juntos, nós representamos lápides e túmulos, vocês representam berços e o olhar orgulhoso de crianças inteligentes e alertas. Durante dias fomos levados por ilusões...

Li: aqui e ali não compreendi. Como posso escrever quando muitas horas de conversa não satisfarão.

Encontraremo-nos? Esses dias estou fazendo débeis tentativas para chegar afinal a Eretz Israel. Gostaria de poder acreditar que não me faltará força, e que eu conseguirei. Tantos pensamentos se misturam...

Como começarei? É preciso limpar a si mesmo por dentro, extrair do pensamento tudo o que é temporal, viver novamente através do silêncio-dentro-do-silêncio, tudo que vi e ouvi. Às vezes sinto minha cabeça arrebentar, outras vezes escuto uma grave acusação: você não pode deixar o mundo da forma que está. O acaso assim ordenou que meu acesso aos pensamentos e às conclusões fossem por meio do orfanato e não da família. Será por isto que é tão difícil? Este também é um assunto sem fim. Perdoe-me por expressar estes pensamentos selvagens. Não teria sido preferível contar-lhe meus encontros com Moshe Zubertal, sobre Stefa, sobre os assuntos cotidianos, concretos e atuais?... Perdoe-me... Às vezes desejo imaginar que em uma carta encontrarei a palavra mágica que erigirá a casa para uma humanidade sem lar. Um sincero abraço,

Korczak

4 de janeiro de 1938

Caro Juzek,

Estou incluindo uma carta que foi escrita em dezembro. Não a enviei, porque pensei que (amanhã), teria possibilidade de escrever a você algo definitivo. Minha viagem para Eretz Israel é um assunto muito simples e muito complicado. Eu não posso fazer a viagem sem dinheiro e sem conhecer a língua: não posso estudar aqui, e lá – um ano na cidade – onde conseguirei os recursos? E este "onde" complica, dificulta e protela todo o assunto. Não gostaria de (esperar) até o outono, e prometi (ir) durante o verão. Às vezes, o perto parece muito longe, e vice-versa. Realmente não sei, quando se tem sessenta anos, esperar não é muito agradável.

Tento não perder tempo. Escrevi outro livreto para a biblioteca Palestina (publicado pelo Fundo Nacional Judaico de Varsóvia). Chama-se: *Os Homens são Bons*. Você recebeu uma cópia? Assim eu poderia ser habilitado a viver somente para mim, e quem sabe isto não fosse um benefício maior para você?

É falso pretender negar a saudade de cada um por sua pátria – o que os russos chamam de "Rodina"? – sua terra natal. Não é bom. Deve-se admitir e descrever o processo de crescimento e de criação de raízes na nova terra. Isto só pode ser feito por meio da criança, é a criança que nos prende. Você tem uma? É muito mais difícil em Eretz Israel do que em outros países que não nos envolvem emocionalmente – como o Brasil, ou a Argentina – antes de tudo, deve-se ficar livre de todas as ilusões, e com isso a carga de obrigação e responsabilidade fica muito pesada. No Brasil você se pergunta: Valeu a pena? – Lá você pergunta – o que acontecerá comigo?; aqui você pergunta: o que acontecerá conosco? Lá – você lida com 20-30 anos de vida; aqui com dois mil anos de nossa vida.

Se eu expressasse meus pensamentos em voz alta (livremente) – eu diria: será o perdão dos pecados: eu não posso oferecer conselho a mim mesmo. Sem problemas, eu não sou culpado. O que importa se alguns especuladores se desiludiram; mas é uma pena que alguns errantes não acreditem mais que são crentes.

Não é somente uma questão da imigração dos judeus.

Conheci um polonês em Harbin que tinha vergonha porque não ansiava mais. Você ainda se envergonha porque ainda anseia.

Ouvi dizer que o velho Gilson é agora um instrutor no Technion. Por favor, entre em contato com ele. É um homem extraordinário. Gostaria de viajar com ele para as montanhas. Deve-se conhecê-las. Todo grande feito ocorreu nas montanhas – Ararat, Sinai, o Monte Das Bençãos, e agora o Monte Scopus. Não são palavras. Se os judeus pudessem ao menos assegurar que este mundo louco, ignorante, encontrará seu caminho, então poderíamos deixar que os árabes mantivessem os vales férteis e o mar, e eles manteriam o apoio aos judeus exatamente como apoiaram os mosteiros que caíram e não alcançaram as expectativas. Há momentos em que acredito que eu poderia entender os animais e as plantas viventes. Gostaria de falar com as pedras e com as estrelas – seu discurso é leve e silencioso, e elas não mentem.

Agora você compreende porque desejo ir para Eretz Israel e porque não posso me estabelecer em um kibutz – como fiquei contente em ver que a indústria de cimento (Nesher) apenas arranha o Carmel mas não o altera realmente.

Mais em uma outra vez.

Meu abraço,

Korczak

8 de julho de 1938

Caro Juzek,

Depois de ler sua carta, um amargo pensamento me veio à mente: Quando chegará aquela carta especial na qual não me pedirão ajuda, apoio, ou favoritismo (o ingênuo), nem mesmo me perguntarão o que fazer (o ingênuo), mas simplesmente uma carta incomum, sem interesses especiais para resolver, que expressassem pensamentos e sentimentos. Estou novamente perdido, novamente não sei. Li, sublinhei e critiquei sua linha de pensamento naquilo que a ela precisaria ser acrescentado – estas são minhas ponderações.

Na verdade: "as possibilidades de um indivíduo são limitadas". Não, a ambição de um homem é limitada. Não serão palavras se eu disser que todo homem é um mundo por si mesmo, tanto física como espiritualmente, e alguém que educou apropriadamente, apenas ele, cumpriu também seu dever. Nossa vida é precipitada, indiferente, superficial e ignorante.

Meu último pensamento (em conexão com uma conversa que tive com as crianças a respeito de canibais): o velho pai está triste porque seu único filho se recusa a matá-lo para comê-lo. É um mau filho, não quer cumprir seu dever. Ele é tolo. Não acredita que comendo o coração de seu pai herdará (e transmitirá às futuras gerações) seus sentimentos, e que comendo seu cérebro, obterá as suas experiências de vida. Está cometendo um pecado e quebrando insensivelmente a tradição das gerações por não preparar um prato saboroso com as mãos e os pés (de seu pai) – um banquete para sua tribo para honrá-los e para alegrar seu coração. Este filho sem coração obriga seu pai a ficar doente e sofrer para comportar-se como o cruel homem branco e deste modo deixar o corpo de seu pai para os vermes. Ele está certo, a única diferença é que sua crença é diferente. Tudo o que fazemos é escrever livros imortais (!!??) e sonhar com realizações imortais...

Você escreve que eu sou um otimista. Sim, "não existem trivialidades", tudo é grande e louvável, se você não concorda: sagrado... e lógico, se você não concorda: ordenado pela Providência...

Você não criou raízes em Eretz Israel por meio da criança? O kibutz também é uma criança, um pequeno rapaz que cresceu, e uma nova casa e um segmento de uma rua. Na verdade, o que você conseguiu (coletivamente) não será consumido pelo fogo, ou por gafanhotos, nem pode ser destruído por um terremoto. É permanente – todo suspiro, toda gota de suor ou de sangue, cada sorriso ou lágrima, pensamento ou sentimento..., Seis anos... quantos segundos e batidas do coração;

é um período curto e longo... tempo-espaço... algo que existe, algo que você experimentou aqui e que aí experimenta constantemente. Considero Freud um maníaco perigoso, mas todos que lhe são gratos captaram o sentido do subconsciente, as profundezas desconhecidas do seu espírito e se resignaram ao fato de que nunca poderão conhecê-los – lhe devem sinceros agradecimentos.

Ainda e apesar de tudo, talvez possamos discutir este assunto em Eretz Israel.

Com saudações,

Korczak

22 de Novembro de 1938

Caro Juzek,

Você está certo e você está errado. A vida nos carrega entre a monotonia e o trabalho cotidiano e seus mistérios multicoloridos. É preciso aprender a imaginar e se surpreender. É preciso ser modesto à luz das manifestações que testemunhamos e tentar compreender suas leis. Não é difícil entender porque ontem atravessei os portões do orfanato desanimado e deprimido. E repentinamente, depois do chá, as crianças improvisaram um filme que prepararam com uma caixa de papel colada e uma lâmpada elétrica. Era uma cena ingênua, primitiva e muito comovente. Mas seu entusiasmo, sua ansiedade pela possibilidade de não vingar, a excitação das crianças esperando pelo início do espetáculo, o acompanhamento da harmônica, era tudo algo maravilhoso. Era uma experiência extraordinária para eles e para mim. Trabalho, risco do esforço... triunfo. H. Friedman observou: "é meu ovo que foi posto pela galinha, que alimento com meus grãos". O ruim em Eretz Israel é que deixou de ser um sonho e se tornou realidade, o que tem de bom é seu crescimento. Quando nossa vida torna-se repetitiva e monótona, pode-se obter alegria pelo fato de que em algum outro lugar está só começando. Este é o mistério do crescimento e da renovação das gerações.

O exílio secou e destruiu as relações entre pais e filhos. Foi necessário suprir os pais com um substituto pelas suas esperanças frustradas. Este não é o caso em Eretz Israel – lá a criança cresce exatamente como a árvore, como suas colônias. Este sentimento é misturado com uma gota de melancolia – não acontecerá para mim, mas é confortante pensar que existe, que o sol novamente se levanta, um novo começo se põe – rejuvenescimento.

Esta é a maneira como vejo nossas crianças, nossos alunos. Estou preocupado. O que acontecerá em um outro ano. Com você, há ao menos a segurança de que se o destino não for mais leve, será mais simples, mais claro, mais calmo, mais justo...

Ansiava passar o inverno em Eretz Israel. Estou familiarizado com o verão e com o começo do outono. A linha aérea Lot gentilmente concordou em me conceder um desconto de 50%, então me custará apenas 600 zlotys. A viagem toda somará 1000 zlotys, que eu não tenho. Fico furioso em pensar que não posso fazer a viagem por falta de fundos – uma viagem que não tem como objetivo divertimento ou descanso, mas uma necessidade vital interior. Estes são meus únicos momentos de revolta – de fato, nossas frustrações e falhas são pequenas quando a elas nos voltamos do alto de nossos últimos anos. Não acho que viverei para ver o amanhã, embora acredite que ele chegará, e hoje não é muito interessante...

Um sincero abraço,

Korczak

5 de fevereiro de1939

Caro Juzek,

Quando lemos hoje cartas de pessoas famosas, que foram escritas cem anos atrás – cartas que estão sendo publicadas agora, longas e bem planejadas – somos tomados por um sentimento de mal-estar. Como é feia e trivial nossa escrita hoje em dia. Por vezes penso que não vale a pena ser impressa, não só para uma centena de pessoas, mas nem mesmo para uma.

Sua última carta exige uma resposta de várias páginas com letras pequenas. Decidi escrevê-la – Você logo receberá minha última história intitulada: *As Três Viagens de Hershek*. É uma resposta à carta de Edwin Marcuse. Incluí um trecho dela na parte final da história. O mesmo se aplica à sua carta. Você provavelmente a leu no jornal hebraico *Mibifnim* – de lá, foi copiada no *Escritos Pedagógicos*. Veja a carta para M. Dorman na seção "Cartas," do livro (Meus três depoimentos para o rádio sobre: "A Solidão da Criança, da Juventude e do Idoso", traduzido por Dov Stock). Alguns ouvintes anônimos lastimaram o fato de que omiti a questão da solidão da maturidade, o momento mais difícil da solidão de acordo com eles. Não tinha a intenção de voltar ao assunto, mas agora me ocorreu que, até para mim mesmo, para mim, deveria considerar a questão e pensá-la integralmente. Sua carta serviu de catalisador. É possível que esta questão seja particularmente importante para Eretz Israel (para os Olim e jovens imigrantes em geral). Há uma dificuldade – é possível desenvolver o assunto com franqueza total? Sei que a questão da falta, da frustração pode suscitar vivas oposições – tristeza, fome parcial ou aborrecimento? O homem tenta avaliar cada período de dez anos não pelas suas realizações, mas pelas frustrações. Inconscientemente, ele procura um mote para os dez anos seguintes. Daí advém a pergunta: O que haverá depois, o que se seguirá? Eu encontrei a resposta, aparentemente a única: a criança – o filho (filha) – o neto – Mas deve-se saber como acessá-lo.

Meu caro Juzek, como é difícil desenvolver esta questão, e é de imensa importância. Não sei quando e como abordarei este assunto. Não devemos nos precipitar porque a questão é vital. Se algum dia for resolvida, acredito, fornecerá uma resposta para suas dúvidas. Enquanto isto, um sincero abraço, possivelmente algo como – o que a criança lhe trouxe...

Korczak (Goldschmidt)

2 de agosto de 1939

Caro Juzek,

Durante estes últimos meses estive além das fronteiras de espaço e tempo. Decidi refrescar-me (Banhos de Sal) e um mês como um jovem instrutor (novamente!)

em um acampamento de verão. Dediquei o mês de terapia para uma história palestina, no sentido de que descrevo uma conversa entre pai e filho em Eretz Israel, e eles falam da criança. Na segunda parte, Eretz Israel tem um papel muito importante e é por isto que, se tiver dinheiro suficiente, farei uma visita de quatro meses em outubro – janeiro, dos quais dois meses planejo passar na velha Jerusalém (Em um interessante "Cheder" que vi lá, ou em uma sinagoga em Tiberias). Receio o reumatismo, os insetos, e um pouco os árabes (menos). Nada mais nem menos que um plano por uma nova Bíblia. Estou empenhado em realizá-lo.

Julho foi um mês lindo – vinte novas crianças que é preciso descobrir, como vinte livros que foram escritos em uma língua mal conhecida, livros danificados e em que faltam algumas páginas, um enigma, um quebra-cabeças – Novamente, como nos velhos dias – coisas que se tornam importantes são sandálias perdidas, um prego no pé, uma briga perto da balança, um galho quebrado. Dormi no quarto de isolamento, com as crianças que estavam doentes de sarampo. Quando fiquei totalmente exausto, peguei no sono. Continuei pensando: "Não adormeça, ouça por mais dez minutos suas respirações, suas tosses, suspiros". Que sabedoria existe em sua tosse enquanto dormem – trava-se uma luta constante contra a infecção, a febre, as coceiras, as moscas.

Voltei ontem. Ainda estou esgotado, mas alegre (se é que é apropriado dizer isto com 61...). Durante o adeus, depois da meia-noite, na floresta, a lua brilhava. As árvores desenhavam longas sombras, as crianças cantavam, recitavam, agitadas com o medo, pois haviam passado por um incinerador de tijolos (e dois bêbados os ameaçaram no primeiro dia: – Dê-me a pistola – Chame Hitler...) Olhos arregalados, muita comoção, e o bater de pezinhos na areia, – O que se segue? Em Eretz Israel, sua história não precisa fazer tal pergunta: você a sabe.

Um pássaro de um país distante me fez uma visita enquanto eu estava aqui – (o poeta) Zrubavel, de Hein Harod. Apesar de ter sido difícil conversar, (ele falava alemão e eu falava russo), compreendi bastante. Como se protegeu astuciosamente para não cair vítima dos encantos da primavera polonesa – verde, longa, e do outono dourado. Trabalhou com afinco. Estava tomado de saudades e queria voltar. Encurtou sua estadia por meio ano. Já não podia agüentar. Tinha todo o direito de não esconder suas saudades.

Não li nem um jornal (nem mesmo um livro) durante dois meses. Senti-me livre como um viciado em morfina curado com sucesso.

Um sincero abraço e lembranças a meus conhecidos e aos conhecidos imaginários,

Korczak

SOBRE ESTE LIVRO

No universo das personalidades espirituais de judeus poloneses, Janusz Korczak se distingue como uma das imagens mais extraordinárias.

Suas conquistas espirituais em conjunto com suas realizações práticas enriqueceram a vida social e cultural dos judeus poloneses e realçaram-no com uma beleza moral e espiritual.

Janusz Korczak, que tomou para si mesmo a complicada, mas muito importante e valiosa tarefa de analisar o espírito, a mente e as necessidades da criança judia e principalmente da criança judia abandonada, não se restringiu ao aspecto científico do problema, mas, com suas realizações práticas, efetivou um empreendimento histórico, o orfanato – Nasz Dom – (Nosso Lar).

É por isto que acolhemos com prazer as conquistas do amplo e representativo comitê no qual também nossa Federação Mundial é representada, o que possibilitou, em 1977, centenário de nascimento de Korczak, a publicação deste importante trabalho que revela sua personalidade e assim oferece ao mundo judaico e não-judaico um retrato importante de Korczak e de seu empreendimento, um retrato do cientista, grande humanista, professor e educador, que dedicou toda sua força física e espiritual à criança judia. Ele viveu com a criança judia e com ela percorreu sua última estrada para o crematório de Treblinka.

Com a publicação deste livreto, trabalho exemplar de Joseph Arnon, leal admirador e colaborador de Korczak, a Federação Mundial oferece sua modesta contribuição para a celebração da memória de Janusz Korczak.

Anshel Reiss
Presidente da Federação Mundial dos
Judeus Poloneses

COLEÇÃO ELOS
(Últimos Lançamentos)

43. *O Direito Internacional no Pensamento Judaico*, Prosper Weill.
44. *Diário do Gueto*, Janusz Korczak.
45. *Educação, Teatro e Matemática Medievais*, Luiz Jean Lauand.
46. *Expressionismo*, R. S. Furness.
47. *O Xadrez na Idade Média*, Luiz Jean Lauand.
48. *A Dança do Sozinho*, Armindo Trevisan.
49. *O Schabat*, Abraham Joshua Heschel.
50. *O Homem no Universo*, Frithjof Schuon.
51. *Quatro Leituras Talmúdicas*, Emmanuel Levinas.
52. *Yossel Rakover Dirige-se a Deus*, Zvi Kolitz.
53. *Sobre a Construção do Sentido*, Ricardo Timm de Souza.
54. *Circularidade da Ilusão*, Affonso Ávila.
55. *A Paz Perpétua*, J. Guinsburg (org).
56. *A "Batedora" de Lacan*, Maria Pierrakos.
57. *Quem Foi Janusz Korczak?*, Joseph Arnon.

IMPRESSÃO E ACABAMENTO